音楽のような本がつくりたい

編集者は何に耳をすましているのか

木村 元
Gen Kimura

木立の文庫

まえがき

音楽の本をつくってきた。

音楽の本といってもさまざまだ。大学を出てすぐに就職した音楽専門出版社では、各種事典や理論書、教則本、エッセイ、研究書、音楽家の伝記から音楽制作用ＰＣソフトの解説本まで、ありとあらゆる種類の音楽書の編集を手がけた。

元同僚と二人で独立して、小さな出版社を立ち上げたとき、いまさら音楽以外の分野に手を出す能力もないし[1]、まがりなりにも専門家として二十年近く手がけてきた音楽書を、もっと思いどおりにつくってみたいと思った。

会社のウェブサイトができたとき、これからの本づくりについて、こんな抱負を記した。少し長いが引用する。

1　しかし、アルテスパブリッシングの創業第1作は音楽書ではなく、思想家で武道家の内田樹さんによる『村上春樹にご用心』（2007）だった。

［……］せっかく新しく会社をはじめたのですから、胸に秘めたるささやかな野望というのも、ないではありません。ぼくたちはこれまで「音楽についての本」をつくってきましたが、これからは「音楽のような本」をつくってみたい——というのがぼくの夢です。

考えてみれば、「音楽書籍」ということばは、それじたいのなかに矛盾というか背理を含んだことばです。「音楽について書かれた本」を読んでも、かんじんの音楽は聞こえてこないし、音楽を聴いたときの感動を味わうことができるわけでもない。「本をいくら読んだって、音楽がわかったことにはならない」といわれることもよくあります。そのとおりでしょう。

ただ、そもそも本というものは、そのなかに書かれている知識・情報の容《い》れ物というだけではないのではないでしょうか。その重みをたなごころに感じ、カヴァーや本文用紙の質感を指に感ずること、からだ全体に知がしみこんでいくのと同じスピードでページを一枚一枚めくること、読み了《お》えた本をそっと書棚に戻すときの充実した気持ち——それらすべての総体をぼくたちは「本」という名前でよんでいるのかもしれません。

アルテスがこれからつくる本の多くは「音楽についての本」になるはずです。でも、ただたんに「音楽についての知識・情報をパッキングした容れ物」をつくるのではなく、むしろ、かりに音楽についてひとことも書かれていなかったとしても、その本を読むことじたいが、なにかよい音楽を聴いたときと同じような体験をあたえてくれる——そんな本をつくれたら、と心から願っています。[2]

「音楽についての本でなく、音楽のような本を」

会社を創業してから十四年が経ったいまも、そんな理想が実現できたかどうかはわからない。でも、その思いは年を経るごとに、いよいよ強くなっている。

本書は、音楽書籍をつくる編集者として、音楽について、本について、折々の関心事にことよせて綴った十三篇の文章を集成したものである。

2 「音楽のような本をつくりたい——ご挨拶にかえて」〔アルテスパブリッシング公式ウェブサイト、2007年8月20日公開〕†https://artespublishing.com/news/20070820_greeting/ ‡2021年8月21日閲覧

その意味で、二〇二〇年五月に出版した拙著『音楽が本になるとき』〔木立の文庫〕の続編ともいえるが、同書刊行の少し前から激しさをまし、一年数ヵ月が経ったいまなお出口の見えない状況の続く新型コロナウイルス（COVID-19）の感染拡大が、とうぜんのことながら本書にも影を落としている。

　コロナ禍はわたしたちの住む世界を一変させたが、もしかしたら、ずっと前から聞こえていた嵐の音が、誰かが窓を開けたことでいっきに激しくなり、意識に前景化されるように、耳をすましてさえいればもっと早く気づくことのできた変化だったかもしれない。

　音楽やスポーツをコンピュータやテレビの画面越しに観ることが推奨される世の中で、本はどのように読まれているのだろうか。

　人との接触を極端に減らすことが要請される時代に、わたしたちは読者のどんな思いを汲《く》みとりながら、本をつくっていけばいいのだろうか――。

カヴァーや本文用紙の質感、ページをめくるスピード、本を書棚に戻すときの気持ち——会社創業時に綴った記事をいま読み返すと、自分が「音楽のような本」という理想を、こうした種々の具体物を依《よ》り代《しろ》としてイメージしていることが感じられる。

日本では、出版社はかつて製造業に分類されていたが、現在は〔二〇〇二年以降〕情報通信業に分類されるそうだ。[3] 端末の画面越しに情報を受け取ることを〝読書〟とよぶ時代に、〝本づくり〟を語るのはいかにも時代遅れだろう。

ただ、すべての書店がサイバースペースに置かれ、書店員がアルゴリズムで動くＡＩになり、本が完全にデジタル情報に置き換わってしまったとしても、いや、そんな時代が間近にせまっているいまだからこそ、たしかな体温をもつ読者の心に届き、かれらが自分自身の心の動きに耳をすますほどに、心が豊かな音楽に満たされる——そんな〈本〉をつくっていきたいという思いはいやますのかもしれない。

3 Wikipediaの「出版社」の項目を参照
† https://ja.wikipedia.org/wiki/%E5%87%BA%E7%89%88%E7%A4%BE
‡2021年8月21日閲覧

窓の外で嵐が荒れ狂う日々にも、ページをめくれば聞こえるひそやかな音楽――。本書が読者のみなさんにとって、そんな本であればと願っています。

目次

「音楽のような本」に音楽を付けるとしたら

前著でも好評（?）だった専用ＢＧＭ、今回も選曲してみました。

下のＱＲコードから音楽配信サービス「Spotify」の本書専用のプレイリストにアクセスできます（無料で聴くことができますが、無料プランでは曲順がシャッフルされるなどの制限があります）。

読書のＢＧＭにしていただいてもよし、本書読了後にアルバムとして通して聴いてくださってもうれしく思います。

①ベラ・バルトーク

弦楽四重奏曲第1番 作品7 Sz.40 第二楽章

Allegretto

古典四重奏団

▼「モノとしての本」をテーマとする本章のBGMには、名著『本は物である』〔新曜社、二〇一〇年〕の著者で名装丁家の故桂川潤さんを偲んで、桂川さんがデザインを手がけたCDから。古典四重奏団の演奏は、楽譜に書かれた音をまず具体物として受け取ったときの新鮮な驚きが、そのまま演奏に表現されているところがあると思います。テクストを読むということが積極的な意味をもつとしたら、こういうことではないかと思うのです。

②レイフ・ヴォーン・ウィリアムズ

そは恋人と乙女 *It was a lover and his lasse*

アントニー・ロルフ・ジョンソン（テノール）

サイモン・キーンリーサイド（バリトン）

グレアム・ジョンソン（ピアノ）

▼本文中に登場するシェイクスピアつながりで、二十世紀前半のイギリス作曲界を牽引したヴォーン・ウィリアムズの歌曲をひとつ。ここで紹介した「別世界物語」の作者C・S・ルイスとほぼ同時代の人ですが、ヴォーン・ウィリアムズはルイスと違って、あまり宗教の匂いを感じさせないヒューマニストではあります。シェイクスピアと音楽といえば、『ヴェニスの商人』にこんなフレーズがありました。「心の内に音楽を宿さない人、甘美な和音に心動かされることもない人には、反逆や策略や略奪こそがふさわしい。その心の動きは夜のように鈍く、その情感は暗黒世界《エレボス》のように暗い。そんな男を信用してはいけないよ。

さあ、音楽を聴こう」〔拙訳〕。

02 農夫と一冊の本

③ジョン・デンヴァー

マシュー *Matthew*

▼本文中ではYouTubeで見つけた動画（おそらくオフィシャルにリリースされたＰＶ）を紹介しておきましたが、ここでは一九七四年、ロスアンジェルスのユニヴァーサル・アンフィシアターでおこなわれたライヴを収録したアルバム『An Evening with John Denver』に収録されたライヴ・ヴァージョンを。二枚組のＬＰジャケットを開くと、ステージの全景を写した写真が見開きいっぱいに掲載されていて、たしかステージの上のスクリーンには麦畑の映像が投影されていました（オフィシャルＰＶの一場面か）。中学時代に毎日このアルバムを聴きながら、「ああ、これは《マシュー》を演《や》っているところなんだな」とさらに憧れをつのらせたのをおぼえています。

03 日本語はカッコわるい？

④フランツ・シューベルト

野ばら *Heidenröslein* **D257**

バーバラ・ボニー（ソプラノ）

ジェフリー・パーソンズ（ピアノ）

▼本文中では詩の一番にしかふれませんでしたが、この演奏では二番における少年と野ばらとの葛藤（性的な隠喩を感じさせます）が、クライマックスで放出される華麗な装飾にいたるまで、みごとに描かれています。

04 名前の共同体

⑤ルートヴィヒ・ヴァン・ベートーヴェン

交響曲第七番　イ長調　作品92　第四楽章

Allegro con brio
カルロス・クライバー（指揮）
バイエルン国立管弦楽団

▼ドイツ人でありながら「カール」ではなく、アルゼンチンふうに「カルロス」を名乗ったクライバーは、「自由農民」を意味するみずからのファーストネームからも自由であろうとしたのかもしれません。一九八二年、ミュンヘン国立劇場でのライヴ。何かが乗り移ったかのような熱狂的な演奏で、終わったあと聴衆があっけに取られたのか、われに返るかのようにパラパラと拍手が始まるのがおもしろいです。

05 音楽は肯定する

⑥アグスティン・バリオス
森に夢見る *Un Sueño en la Floresta*
鈴木大介（ギター）

▼本文中では星野源の《うちで踊ろう》の話をしていますが、この稿を書くにあたってひとつのきっかけになったのが、コロナ禍のなかで脚光があたった音楽配信について、ギタリスト鈴木大介さんが何回かにわたって投稿されたブログ記事を読んだことです。配信を有料にするべきか無料にするべきかなど、とくにクラシック音楽関係者には読んでいただきたい内容です。[1] ここでは、大介さんの演奏のなかでも大好きなバリオスの名曲を。

間奏 Music matters.

⑦ジョン・ケージ
ある風景の中で *In a Landscape*
ラファエレ・グリマルディ（ピアノ）

▼本文の内容に合わせて《四分三三秒》を、という選択肢もあったのですが、[2] ここはケージの初期ピアノ作品から一曲を。

1　「ギタリスト 鈴木大介のブログ」
とくに2020年4、5月に投稿された数本の記事を参照
†https://daisukesuzuki.at.webry.info/
‡2021年9月25日閲覧

2　驚くなかれ、Spotifyでも（何曲も！）配信されているのです。

06 会議は長いほうがいい

⑧単旋律聖歌
地上のすべての国々は *Viderunt omnes*

⑨レオニヌス
地上のすべての国々は（二声のオルガヌム）

⑩ペロティヌス
地上のすべての国々は（四声のオルガヌム）
アントニー・ピッツ（指揮）
トーヌス・ペレグリヌス

▼ここでは三曲続けて聴いてください。最初はいわゆるグレゴリオ聖歌（単旋律聖歌）、つぎは十二世紀にノートルダム大聖堂で活動したレオニヌスによる二声のオルガヌム（低音部で引き延ばされているのが、もとのグレゴリオ聖歌です）。そして十二世紀末から十三世紀にかけてやはりノートルダム大聖堂で活動したペロティヌスによる四声のオルガヌム。オリジナルのグレゴリオ聖歌にたいして、その歌詞を補足説明するトロープス声部が付き、さらに別の音程で歌うオルガヌムが加わり……という音楽的発展の諸段階を感じていただけると思います。

07 音楽のリハビリテーション

⑪アントン・ウェーベルン
弦楽四重奏曲 作品28 第一楽章 Mässig
アルディティ弦楽四重奏団

▼統合失調症的気質だったとされるウェーベルンの音楽は、音楽というよりもある種美術作品のように鑑賞したほうがよいのかもしれません。向かうべきなんらの中心をもたず、まっさらの白い紙の上にただ置かれた音のひとつひとつの美しさ。

08 好みと価値判断

⑫ジョージ・フレデリック・ヘンデル
リコーダー・ソナタ ハ長調 作品1-7 HWV365
第五楽章 Allegro
フランス・ブリュッヘン（リコーダー）
アンナー・ビルスマ（バロック・チェロ）
グスタフ・レオンハルト（チェンバロ）

▼大学生のころ買って衝撃を受けたブリュッヘンのヘンデル『リコーダー・ソナタ全集』は、バロック・チェロをアンナー・ビルスマが、チェンバロとオルガンをボブ・ファン・アスペレンが弾いているのですが、どうもSpotifyでは聴けないらしく、代わりにバロック・チェロは同じビルスマが、チェンバロはレオンハルトが担当している録音を。こちらはブリュッヘンの〝変態性〟があまり感じられず、むしろ端正な演奏といえるかもしれませんが、厳格なレオンハルトの見ていぬ隙にと、テンポを少し揺らしたり、茶目っ気も少しのぞきます。

09 作品の偶然と出会いの必然と

⑬ビル・エヴァンズ＋ジム・ホール
マイ・ファニー・ヴァレンタイン

▼言わずとしれた一九六二年の名盤『アンダーカレント』の第一曲。なぜここでこの曲を選んだかというと、「おもしろい本はその至福の時間ができるだけ長く続くよう、惜しみ惜しみページをめくるが、音楽は人為的に時間を引き延ばすことができない」ということをいちばん感じたのがこのアルバムだったから。なにせ、オリジナル盤（LP）は収録曲がたしか六曲、ぜんぶで三十分少ししかなかった（六十分のカセットテープの片面に入ってしまう）。だからこそ、惜しみ惜しみ聴いたのです。CDの時代になって、このアルバムが発売された直後に手に入れたものは、LPと同じ六曲・三十分の構成でした。その後、さまざまなアウトテイクの追加されたヴァージョンが登場し、

ここで紹介した音源の入ったアルバムは十曲・五十三分ほどの構成になっていますが、なんとなく三十分ヴァージョンで感じていた一曲一曲の〝ありがたさ〟が感じられない気がして、少し残念です。

10 ベートーヴェンと「意志の音楽」

⑭ルートヴィヒ・ヴァン・ベートーヴェン
交響曲第九番 ニ短調《合唱付》作品125
第四楽章 Presto

ジューン・アンダーソン（ソプラノ）
サラ・ウォーカー（メゾ・ソプラノ）
クラウス・ケーニヒ（テノール）
ヤン＝ヘンドリンク・ローテリング（バス）
バイエルン放送合唱団
ベルリン放送合唱団のメンバー
ドレスデン・フィルハーモニー児童合唱団
バイエルン放送交響楽団
シュターツカペレ・ドレスデンのメンバー
ニューヨーク・フィルハーモニックのメンバー
ロンドン交響楽団のメンバー
レニングラード・キーロフ劇場（現マリインスキー劇場）
管弦楽団のメンバー
パリ管弦楽団のメンバー
レナード・バーンスタイン（指揮）

▼コロナ禍の渦中で歌いあげられたさまざまな《第九》を聴いて、ベルリンの壁が崩壊した一九八九年の年末に東ドイツ領内でバーンスタインが指揮した《第九》演奏会を思い浮かべた方も少なくないと思います。「Freude（歓喜）」を「Freiheit（自由）」に変更し、冷戦の終結と自由主義国家の結束と勝利を印象づけた歴史的演奏。わたしが編集者の仕事を始めた翌年のことでしたが、バブル経済まっただ中の日本の浮き足だった風潮とセットになって記憶に残っています。この三十年後、世界的パンデミックのなかで自由主義そのものに

疑問符が突きつけられることになるとは、誰も想像しなかったことでしょう。

終奏　音楽は墓である

⑮モーリス・ラヴェル

クープランの墓（管弦楽版）第三曲 Menuett

シャルル・デュトワ（指揮）

モントリオール交響楽団

▼原曲はピアノ組曲ですが、作曲家本人の天才的なオーケストレーションによる管弦楽版で。編曲というのも「墓参り」のひとつかもしれません。

音楽のような本がつくりたい

編集者は何に耳をすましているのか

序奏

Parlando 話すように

Parlando

上製本と文庫のどちらが偉い？

大学を卒業してすぐに出版社に就職し、本づくりをなりわいとして、もう三十三年になる。就職した音楽専門出版社では、しっかり数えたことはないがおそらく二〇〇冊以上、その後アルテスパブリッシングを創業してからも、そろそろ二〇〇冊に届こうという数の書籍をつくってきた。

思い返せば、その原点は小学校のころにある。前著にも[1]「甲子園のニセ実況中継」の相方として登場した友人ナカヤマくんは、「漫画本づくり」の仲間でもあった。ウサギとネコが合わさった生物が主人公の『うさねこくん』という漫画を、おのおのが代わるがわる一巻ずつ連作し、製本までして、二十巻近くもつくったのだった。当時好きだった『のらくろ』もどきの冒険活劇あり、下ネタ混じりの不条理ギャグあり、と、タイトルが同じというだけでまったく統一感のない「リレー連作」だったが、それでも飽

1　木村元『音楽が本になるとき——聴くこと・読むこと・語らうこと』〔木立の文庫、2020〕〈12 皮膚感覚について〉を参照

きずにつづけたのは、本をつくることじたいが楽しかったからだ。

Ｂ４判の画用紙を三回折り、その三辺をカッターナイフで切って残りの一辺をホチキスでとめれば十六頁の冊子になる。それを四冊合わせてセロテープで止めあわせ、表紙でくるむと、Ｂ７判六十四頁の本ができあがる。長じて出版社に入社したさい、上司から「本のページ数が16や８の倍数になるのはどうしてか、わかる？」と問われたとき、迷いなく答えることができたのは、このときの経験があったからだ。

出版社に入ったのは一九八八年のことで、ちょうど組版の方式が活版から電算写植へと移りかわる端境期《はざかいき》だった。文字主体であればまだ活版で組むほうが安かったので、本文は活版で組み、カヴァーや表紙などはデザイナーが厚紙に写植を貼りつけてつくった版下を印刷所に入稿した。

活字は印面が正方形の細長い四角柱である。それを並べて文章を組んでいくことを植字というのだが、細長い棒（活字）を仕切りのあいだに規則正しく刺していき、版面《はんづら》をつくっていくのは、まさに田植えのイメージだ。初校の段階では、ときどき文字の向きがまちがっていたりもする。[2]

2　校正者の注意を喚起し集中力を持続させるために、植字工がわざと間違いを入れているのだと、まことしやかに言われることがあるが、真偽のほどは定かではない。

正確にいえば、正方形（全角＝）だけでなく、長さが二分の一（半角）の活字もある。たとえば、「」」のあとに「、」がくるようなとき、両方とも正方形だと、「」、」というように、あいだに半角ぶんの空きができてしまう。そこは「」、」というふうに詰めたほうが美しいので、「」」を後ろに空きのない半角のものにするのである。ただ、そうすると、どこかでその詰めた半角を補ってやらないと、行末がそのぶん上がって版面に凸凹ができてしまう。そのために半角ぶんの空きをひとつ、あるいは四分の一角ぶんの空きを二つ、どこかにまぎれこませて（あるいは逆に、どこかでもう半角ぶん詰めて）調整するのである。「空き」といっても、何もないわけではなく、印刷されない空白用の活字（これを「込物《こめもの》」という）があいだに入っているということだ。

　このように活版というのは、全角のマス目がかたちづくるグリッド（格子）を基調として構成される組版方式である。その後、写植、電算、DTP[3]と組版の主流が移り変わり、上記のような空きの調整が自動的におこなわれるようになるにしたがって、版面設計上、グリッドはだんだん重視されなくなってきているようだ。

3　写植は写真植字、電算は電算写植、DTPはデスクトップ・パブリッシングの略。写植は文字盤に光を当てて印画紙に文字を焼きつけるもので、電算はそれを専用コンピュータでできるようにしたもの、DTPではさらに家庭用のパソコンで高度なレイアウトまで可能になった。DTP時代初期は、PageMaker、QuarkXPressというソフトが主流で、わたしも「ためしに」と思い、まるごと1冊QuarkXPressで組んでみたことがあったが、あまりにたいへんな作業に心が折れ、もうDTPなどやるまいと心に誓った。その後、Adobe社からInDesignがリリースされ、「日本版は日本語の組版に通じた専門家が監修したらしい」と聞いて、おそるおそる触ってみたところ、「これなら自分でも組める！」と確信した。この確信がなければ、独立・創業はありえなかったかもしれない。

書籍の台割（ページの構成）を十六ページ単位で考えること、グリッドを基調にして版面設計をおこなうことと並んで、出版社に入ってすぐに教えられたのは、書籍の奥付[4]は最終ページではなく、その前の奇数ページ（縦組の本であれば左ページ）に置かれるべきであるということだ。奥付だけではない。部や章などの大きな区切りがあるときは、それぞれに中扉を立てるときはもちろん、見出しのあとすぐに本文が始まる場合でも、原則、奇数ページから新たに起こすべきであると叩きこまれた。とくに理由などは教えてもらえなかった。「そういうもんだ」といわれただけである。

これは雑誌のページネーションとはまるで違った原理にもとづく考え方だ。雑誌のページ構成は多くの場合「見開き」を基調とする。[5]つまり偶数ページから起こすのが原則である。とくに写真やイラストなどヴィジュアル要素の多い雑誌ほど、そうだ。レイアウト上も、グリッドを完全に無視した自由さがもとめられる。単ページの倍の面積のある見開きの全面をつかって、見出しや写真やイラストを大きく見せることで、読者を視覚的にぐっと引きつけるのである。書籍でももちろん、部や章を見開きで起こせ

4　本のおもに巻末に置かれる書誌の基本情報を記した部分。書名・出版年・著者名・出版者名などが表示される。

ば、雑誌的なインパクトある表現が可能となる。最近はそういう視覚重視のページ構成をする書籍も増えてきたが、オーソドックスな書籍はいまだに奇数ページ起こしで構成されている。

書籍も雑誌もページで構成されるのは同じだが、書籍の場合、設計上の最小単位として重要なのは「丁」という概念だ。乱丁とか落丁とかいうときの「丁」であり、一枚の紙を意味する。紙という単位で見た場合、とうぜん奇数ページが表、偶数ページが裏になる。雑誌では、見開きという視覚情報としての「面」が重視されるが、書籍では表裏のある紙の物質性のほうが優先されるのである。グリッドを基調とする組版も、整然と植字された活字の物質性を重視する考え方にもとづくものかもしれない。

◇　◇　◇

ところで、書籍にはハードカヴァー（上製）とソフトカヴァー（並製）がある。また、同じ内容であっても、上製だったものが数年経って文庫になったり、並製の「普及版」として少し安い価格で手に入るようになったり、

5　右の写真はアルテスが2011年11月に創刊した雑誌『季刊アルテス』Vol.4（2013）より。こういう見開きで始まるページネーションは雑誌ならでは。季刊誌と銘打ったものの、4号で休刊するまで、実質的には年2回の刊行ペースだった。2013年9月からは『アルテス電子版』としてダウンロード販売に切り替えて、月刊で配信、2015年9月号をもって終刊する。雑誌制作のたいへんさを思い知った4年間であったが、いまだにアルテスというと、この雑誌の印象深さを語る人も多く、雑誌のもつ社会的な影響力の大きさも認識させられた経験であった。

あるいはもともと並製で出ていたものが「愛蔵版」と銘打って上製本に仕立てなおされたりもする。

小説などでは、まず美麗な装丁のほどこされた上製本が刊行され、その後、数年経ってから文庫化されるのがよくあるパターンだ。その作家の熱心なファンであれば、上製本が刊行されたときに購入するだろう。一日も早く読みたいし、カヴァーデザインや帯のキャッチコピー、あるいは造本仕様も合わせて、その小説の世界観が表現されているからである。

まずは文庫でという人もいる。はじめて読む作家の場合、文庫はなんといっても安いから経済的なリスクも低いし、電車の中でも読みやすい。文庫で読んで気に入ったら、愛蔵版として上製本を買うという人も少なくない。

ビジネス本や自己啓発などの実用本は、並製で刊行されることが多い。文芸書にくらべて手軽さが求められるし、本の性質上タイトルやキャッチコピーの広告的なインパクトがだいじなので、そうした派手なデザインに、上製の造本がしっくりこないのである。昔はこういう本は、いくら売れても「読み捨て」といった扱いを受けることが多かったが、最近はある種「古典」という地位を獲得し、その後文庫のラインナップに加えられることも少なくない。

こうしてみると、本の世界では、なんとなく上製本∨並製本∨（新書）∨文庫といった「序列」があって、上に行けば行くほど偉いような気がするし、多くの人はそのように考えているだろう。制作にかかるコストの点でいえば、もちろんそのとおりで、それがそのまま価格にも反映している。

文庫はデザインが画一的だし、あの安い価格を実現するために、いちどに大量のロットを製造する。だから、売れる本しか文庫にはならない。売れっ子作家の書いた小説は、かならず文庫になるし、古典的な文芸書や思想書も、「必読書」という定評を得、毎年新たな読者をそれなりの数、獲得できると判断されれば文庫に入る。ビジネス書や実用書はたぶん少しハードルが高く、オリジナル版がブームを巻き起こすほど売れても、そのブームが一過性のものであれば文庫にはなりにくいだろう。

そう考えると、偉いのは上製本なのか文庫なのか——。文庫になるには、マーケットでの熾烈な売れ行き争い、評論家や編集者など目利きの選別を勝ち抜くことが必要なのだとすれば、文庫こそが本のめざすべき到達点ということになる。

おそらく情報の量や種類からいえば、上製本がもっとも多彩で豊かな情報を包含することができるだろう。たとえば、夏目漱石の『こゝろ』。デザイナーの桂川潤さんによれば、漱石が自装した初版本では、函《はこ》と表紙と本文とに、「心」「こころ」「こゝろ」と三種類のタイトル表記がもちいられているという（函に刷られた読み方不明の古代漢字？も含めれば四種類）[6]。函入り上製という造本様式に包含しうる情報量の大きさ・多彩さをうまく活用してゆらぎを演出しているわけである。

いっぽう、文庫は会社ごとにデザインは画一的で、帯も付いていないことがほとんどだ。本文の書体も統一されている。情報を盛る器としては、たいへんストイックな媒体といえる。本の内容や世界観を視覚的に（かつ触覚的に）豊かに表現しようとする上製あるいは並製の単行本にたいして、文庫はむしろ造本上の物質的制約が先にあり、そこに「いかにしてさまざまに異なる本の内容を収納しうるか」という考えでつくられている。オリジナルの単行本では、造本の可能性を極限まで活かすことに、編集者もデザイナーも知恵をしぼるのだが、文庫をつくるうえでは、その可能性をな

6　「漱石とブックデザイン」第24回「こゝろ」、「ARTESフレンズ&サポーター通信」vol.035（2020年3月10日配信）所収

るべく削ぎ落として、このストイックで制約の多い媒体におさめうるエッセンスを抽出することに主眼がおかれる。

逆にいえば、文庫において前面に押し出される「書籍の物質性」が、その本の内容や本質をより抽象化し普遍化する役割をはたしていると考えられるだろう。オリジナルの単行本では、色濃く表現されていた著者や作品世界の独自性や個性が、文庫では同じデザインの装丁、同じ本文書体に統一されてしまうことによって、個別性を喪《うしな》って、よりパブリックなものになる（それこそが出版＝publishの原義であろう）といえるかもしれない。

装丁家・桂川潤さんの示唆にとむ名著[7]の書名になぞらえていえば、「本は物である」。美麗な上製本の醸し出す物質性とは別に、文庫本において露わになった剥き出しの物質性こそが、本というメディアの本質を表すということもあるのだ。

7　桂川潤『本は物である──装丁という仕事』（新曜社、2010）
日本を代表するブックデザイナーのひとりで、アルテスの数多くの本にかけがえのない装いをほどこしてくださっただけでなく、わたしにとっては本の素晴らしさを身をもって教えてくれる師匠でもあった桂川潤さんは、今年（2021年）7月に急逝された。本稿が掲載されたメルマガ「ARTESフレンズ＆サポーター通信」に同時期に連載されていた「漱石とブックデザイン」は、桂川さんが長年取り組んでこられた漱石本研究の集大成というべきものであったが、いよいよ単行本として世に出すべく、編集作業が佳境に入ったところに飛び込んできた訃報であった。いまだに信じられない思いのままこの文を綴っている。
わたしの前著『音楽が本になるとき』にも、熱い応援を送ってくださった桂川さんには、本書を真っ先に読んでいただきたかった。謹んでご冥福をお祈りする。

ものをつくる　ということ

本棚と本棚のあいだ　01

人と会うとき、たまに書店を待ち合わせ場所に指定することがある。[1]たいていはおたがいに少し時間に余裕のあるときだ。相手の趣味や関心、あるいは打ち合わせの議題に合わせて、「二階の音楽書のコーナーに三時ごろ」などと指定する。本屋のよいところはオンタイムでなくてもよいことだ。どちらが先に着いても、手持ち無沙汰になることはまずない。たまに、「いや、別の階を見ていたら時間がかかってしまいまして……」と遅れてくる御仁もいるが、それもまた一興。「なにか収穫はありましたか」と話のきっかけにする。その後もしばらくは本題に入らず、目の前の棚を見ながら二人で品定めをしたり、通路をそぞろ歩きながら、目についた本について語らったりする。歩きながら、というのがいいのだ。本屋の本質はこの棚と棚のあいだの通路にある

1　この待ち合わせ方法を手ほどきしてくれたのは、（「新社」になるまえの）中央公論社の名物編集者、笠井雅洋さん。父の担当編集者だったこともあって目をかけてくれ、八重洲ブックセンターや丸善日本橋店などで待ち合わせては、ひとしきり思想書や芸術書の棚の点検にわたしを付き合わせたのち、近くの喫茶店でコーヒーをご馳走してくれた。矢代梓という筆名で批評家としても精力的に活動していたから、超のつく多忙であったはずだが、会えば嬉々として、その時々の音楽業界や出版業界の話題を話してくれる不思議な“師匠”であった。

のではないかとさえ思う。書棚数本ぶんの長さの直線を歩き、角を曲がるといきなりまったく違った光景が現れる。書棚ごとにいかに風景が違って見えることか。一社で一本の棚を占領するような文庫や新書の棚のみならず、さまざまな出版社が入り乱れ、競うように意匠を凝らした書籍を送りこむジャンル棚も、それぞれに個性的な像をもち、慣れてくると、はじめての書店でも、ここは人文書、ここはビジネス書とぼんやり眺めるだけでわかるようになる。いわゆる棚づくりの名手といわれるカリスマ書店員が担当する棚は、パッと見ただけで本の背が点描のようにグラデーションを描きだし、心地よく目を楽しませてくれる気がする。

打ち合わせの相手と本屋の通路をそぞろ歩き、目に付いた本を気の向くままに抜き出して紹介したり論評を加えたりしていると、自分の本でもないのに、それを使って相手をもてなしているような心持ちになる。相手もくつろいで楽しんでくれているようだ。そんなときふと、「この本たちは誰のものか」と思ったりもする。もちろん書店の商品なのだけれど、誰もが勝手に取り出して、ページをぱらぱらと繰ってはまた棚に戻すことを普通にしているし、ときには少なからぬ時間、思わず読みふけったりもする（狭い書店でそれをやると、怖いおじさんが近くにきてハタキで埃《ほこり》を払いはじめる——というのは都市伝説か。少なくともわたしにはそうした経験はないし、いまは小さな町の本屋じたいが少なくなってしまった)。

図書館では誰もが思い思いに棚から本を抜き出して、その場で読みふけるものだ。でも、人と話しながら本を手にとったりはしない。それをやったら、うるさいと怒られる。図書館はあくまでもひとりで行く場所だ。本屋にもひとりで行くことのほうが多いけれど、待ち合わせにもデートにも家族団欒にも使える自由さがある。本屋が醸し出す自由の空気は、「誰のものかわからない本」を玩味しながら歩く、棚と棚のあいだの通路に流れている。

◇　◇　◇

「この本たちは誰のものか」という問いは、出版業界の業態の特殊さを考えたとき、上記のような牧歌的な話題を離れて、いきなり散文的で身も蓋《ふた》もない問いとなる。つまり、「委託／返品」問題だ。

世の多くの製造業者と異なり、出版社は自分たちがつくった商品を、問屋(取次)や小売店(書店)に買ってもらうのではなく委託する。数ヵ月――早いときは数週間――経って、「このまま棚に置いておいても売れない」と判断された本は、書店から取次、取次から出版社へと返品され、その時点で委託分から返品分を差し引いた数が「売上」として確定する。

ややこしい、というか悩ましいのは、商法上は取次や書店に商品を委託した段階で、いったん取引が成立したものとして売上が確定することだ。だから決算上の数字を実態よりも良くしたい会社は、年度末にたくさん本をつくってとりあえず取次や書店に納品してしまい、次の期にはいってから返品を受けるということをよくする。取次との取引条件のよい老舗の版元だと、商品を委託した翌月に売上の何割かが入金されるので、その金を元手にまた新刊をつくり、先の本が返品されるころには次の本の売上を手にするサイクルで商売をつづけることが可能になる。絵に描いたような「自転車操業」だ。

　アルテスのような新興の出版社は、取次からの入金が納品の半年以上先になることも多く、自転車操業の旨味はほとんどないから、返品は死活問題だ（だから、取次への新刊委託は可能なかぎり少なくして、書店から事前に注文をもらったぶんだけを卸すことにしている）。書店の側も「いったん仕入れた（売上が確定した）本を店の都合で返品する」ということに後ろめたさがあるのか、事前に「返品了解」をもとめるＦＡＸが届く。そこには、「一生懸命販売に努めましたが、売れ残ってしまったので返品させていただきます。ごめんなさい」という意味の文言が記されている。こちらは「無期限の返品条件付き」で商品を委託しているから、わざわざ謝ってもらう必要はないのだが、「注文品は書店が買い取るべき」という建前がいちおうは意識されているのだなと思って、「了解」の返信をする。ちなみに、返品された本は出版社の倉庫に戻り、決算時には「出版社の資産」として法人税の課税の対象となる。

納品して何年も経ってから返品されるような場合もあり、そのときはもうその商品については売上が確定しているから、他の商品の売上から返品分が差し引かれることになる。書店の棚に数年置かれて汚れた本が戻ってくることも多く、再出荷できず断裁するしかない。こんなとき、書店に対してというよりは日本の出版業の業態に対して物申したくなることはあるが、現時点ではこのシステムに乗っかって商売している以上、受け入れるしかない。かくて、読者が買ってくれるまでは、本は「誰のものかわからない」状態で書店に置かれていることになる。

「誰のものでもない」本が詰まった棚とそのあいだの通路――この〈虚〉の空間こそが、書店の本質ではないか。こんなことを言うのは、こんな商売上のボヤキともつかない感慨を聞いてほしいからではなく、このことが本について、少し違った視点をあたえてくれそうだという予感があるからだ。

朝食がすむと間もなくミス・アイアンウッドがやってきた。ジェーンの火傷を調べて手当をしてくれたが、大した傷ではなかった。「そうしたかったら、午後になってからなら起きてもよろしいわ、ミセス・スタドック」と彼女はいった。「どんな本がお読みになりたくて？」「できたら〈マンスフィールド・パーク〉を」とジェーンは答えた。「それとシェイクスピアの『ソネット集』でも」あてがわれたものを読んでいるうちに、またしても心地よい眠りに落ちた。[2]

◇
◇
◇

右に引いたのは、『ナルニア国物語』で有名なC・S・ルイスの「神学SF三部作」ともよばれる傑作ファンタジー、『別世界物語』の最終巻『サルカンドラ』の一節だ。夫の勤務する国営の科学研究所NICEで恐ろしい研究がおこなわれていることに気づき逃げ出したジェーン・スタドックが、NICEの企てを阻止しようともくろむ人々にかくまわれる。命からがら彼らの屋敷に逃れた彼女が、一夜の眠りから目覚めた場面だ。

ここではジェーン・オースティンの小説『マンスフィールド・パーク』やシェイク

2　C.S.ルイス『別世界物語3　サルカンドラ——かの忌まわしき砦』中村妙子・西村徹訳〔ちくま文庫、1987〕

スピアの『ソネット集』が、お茶や風呂やベッドなどと同じように、疲れた客へのもてなしとして供されている。ジェーンも屋敷に逃げこんだはいいが、彼らのことを全面的に信用してよいものか計りかねている。そんな緊張感のなか、「どんな本がお読みになりたくて?」という問いかけには、言外に「あなたは本を読む人でしょう? わたしたちにはわかります。あんなにひどい目に遭ったあとなら、なおのこと本を読んで気持ちを休めたほうがいい。ここはそれが許される場所です。だから安心なさい」というメッセージがこめられている。オースティンやシェイクスピアがその屋敷にあることをジェーンも疑わない。「ここならある」ということが本能的にわかるのだ。

ルイスが『別世界物語』を発表したのは、一九三八年から四五年という戦争の時代であった。敵国ナチス・ドイツだけでなく、自国イギリスにおいてさえ蔓延する「悪しき科学主義」との戦いという意図が、この三部作にはこめられている。この場面になぞらえて象徴的にいうなら、それは「本を読む人々」と「そうでない人々」との戦いといってもいい。

じつはジェーンは、この屋敷にかくまわれる前の段階で、NICEに対抗する人々の「仲間」になることを拒否している。作者ルイスはこの三部作において、明らかにキリスト教を旗印としているが、その連帯につらなることを彼女はいったんは拒むのである。そんな彼女も、本を差し出されたときは拒否しない。オースティンやシェイクスピアはこの屋敷にも、彼ら仲間にも、キリスト教にも、ジェーン個人にも所属するものではないからだ。本は「誰のものでもない」からこそ、さりげなく心のこもったもてなしとなり、安心感や信頼感の源となるのである。

◇　◇　◇

書店で会うのは、もちろん打ち合わせの相手だけではない。懇意にしている書店員とも棚を見ながら話をする。[3] 時間があると、最近おもしろかった本についての情報交換をしたりもする。

そんなとき、本を売り買いしている者どうしという関係はどこかへ行ってしまって、おたがいに本を貸し借りしている友達のような間柄になる。商売人としては、いかがなものかと思う。他の商売をいとなんでいる人たちからみたら、すぐにも刷新すべき悪弊と映るだろう。しかし、この微妙な甘え合い、もたれ合いのような関係性が、「誰のものでもない本」に満たされた書店という空間をつくっているのかもしれないとも思う。

3　「書店員さんと話していると、本が『売れる』じゃなくて『動く』という表現をされる方が多くて、そのたびに動かしている人たちがいることを実感する」（小説家の青山美智子さん @michicoming の2021年7月9日 のTwitterより）。この投稿はわたしの授業を受けている学生が教えてくれた。たしかにわれわれ版元の人間も「本が動く」という言い方をする。青山さんの言うように「動かしている人たち」もいるけれども、本は勝手に「動く」ものでもあり、そこがまたおもしろい。

誰か偉い人が経済原理をもちだして介入すれば、簡単に吹き飛ばされてしまいそうな「誰のものでもない聖域《アジール》」は、それゆえにこそ、経済原理とは関係のない自由やモチベーションをあたえてくれる場となる。誰かとこの通路を歩き、思いおもいに本を手にとり、それについて語り合ったり、誰かに手渡したりすること。それは、わたしたち出版をなりわいとする者が、書店員が、そして書店を訪れるすべての人が、この聖域が消えてしまわないように、知らず知らず続けているひそかないとなみなのである。

02 農夫と一冊の本

よく、「無人島に持っていく本」というお題のアンケートがある。想定されているのは、おそらくは船が難破するなどのトラブルによって、自分のほかに誰もいない環境で生きていかざるを得なくなったとき、食料や水、衣服など最低限の必需品のほかに、一冊だけ本を持っていくことが許されたなら、あなたは何を持っていきますか？　ということだろう。もしかすると、遭難や島流しなどのハードなシチュエーションではなく、金持ちがひと夏、無人島にバカンスに行くような状況がイメージされているときもあるかもしれないが、いずれにせよ、持っていける本は一冊というのがお約束である。

「一冊の本」は、その所有者が無人島でひとりきりという、その「孤独」に対応している。その一冊を持っていかなければ、肉やパンをひと切れ増やすことができるかもしれない。しかし、そうした生活必需品を減らしてでも持っていたい本、その本を読むことで、食事と同じように栄養を心に送り込むことができ、端的に言って「その本があれば生きていける」――そんな大事な本があなたにはありますか、というのが、その設問にこめられた意味だろう。

無人島での一冊の本は、食料や水や衣服とならぶ生活必需品だから、毎日毎日読むことになる。繰り返し読まれることに耐えうるかどうかも、選択の条件になってくる。単純に内容が面白いとか感動的だというだけでは、そのうちに飽きてしまう。その人の孤独の重さに見合った深さを、その本が有しているか――となってくると、そうとうにハードルは上がってくる。

◇　◇　◇

「一冊の本」ということを考えるときに、いつも脳裏に浮かぶ歌がある。アメリカのフォーク歌手、ジョン・デンヴァーの一九七四年のアルバム『バック・ホーム・アゲイン *Back Home Again*』に収録された《マシュー *Matthew*》[1]という曲だ。

1　John Denver / Matthew｜YouTube
†https://youtu.be/wKPmoLxAqCM
‡2021年8月20日閲覧

以前も触れたことがあるが、[2] わたしが意識して音楽を聴くようになったのは、中一の夏休みにジョン・デンヴァーの《故郷に帰りたい *Take Me Home, Country Roads*》を聴いたことがきっかけだ。

そもそも《故郷に帰りたい》という歌じたいが、多忙なツアーを終えて帰郷する歓びをうたったものだったが、『バック・ホーム・アゲイン』は、その後押しも押されもせぬスーパースターとなったジョンが、ひさしぶりにふるさとに帰り、昔馴染みの人々と再会する幸せをテーマとするコンセプト・アルバムであった。この《マシュー》も、子どもの頃のジョンをかわいがってくれた叔父に捧げた歌である。

Had an uncle named Matthew
Was his father's only boy
Born just south of Colby, Kansas
Was his mother's pride and joy

Yes, and joy was just the thing that he was raised on
Love was just the way to live and die

2　木村元『音楽が本になるとき——聴くこと・読むこと・語らうこと』〔木立の文庫、2020〕〈06 音楽は書くもの／読むもの〉参照

Gold was just a windy Kansas wheatfield
Blue, just a Kansas summer sky

叔父の名前はマシュー
父の自慢のひとり息子で
生まれはカンサス、コルビーの南
母の誇りそして喜びだった

そう、喜びをただ糧《かて》として成長し
愛をもってただ生きそして死んでいく
金といえば風吹くカンサスの麦畑
青ならカンサスの夏の空

マシューは両親の愛を胸いっぱいに受け、若き農夫として成長するが、一九四七年にカンサスを襲った竜巻が、家族や家屋、畑を根こそぎ奪い去ってしまった。なにもかも失ったマシューはジョンの父を頼り、家に住み込んで農作業を手伝うようになる。

幼い甥に問わず語りで聞かせた物語のクライマックスが、このくだりである。

He lost the farm and lost his family
He lost the wheat and lost his home
But he found a family Bible
Faith as solid as a stone

畑をなくし家族をなくし
麦もわが家もうしなった
そのとき見つけた家の聖書
信心は石のごとく固まった〔以上拙訳〕

なんの不自由もなく育ち、おそらくは信仰心さえも、喜びや愛と同じように、呼吸するように自然に身につけていた彼が、ひとたび絶望の淵に沈んだとき、それまで家庭内で日常的に手にしていたであろう聖書が目の前に現れた。天涯の孤独に叩き落とされたわが身を、ただひとつ託せる方舟と見えた瞬間だろう。

ちなみに家庭用聖書*family Bible*とは、教会の礼拝に持っていける小型の聖書とは違い、比較的大型で、家族の誕生、洗礼、結婚、死亡などの記録を書き込めるものをいうそうだ。神の子イエスの物語と自分たち家族の物語とが、一冊の書物において分かちがたく結び合わされるわけである。

すべてを失い、無一物になった農夫が、残骸の中でこの書物を見つけたとき、彼はそこに大げさでなく、神の力のはたらきを感じたはずだ。それだけでなく、家や畑がなくなっても、家族の歴史＝物語が潰《つい》えずに残されていたことに、ひと筋の希望を見出したことだろう。喪失感にさいなまれながらも、その書物をつうじて神とともにあり、喪われた家族とともにあり、神を信じる無数の人々とともにあることを、実感することができたのである。

そして、みずからの裡《うち》に完成をみたその物語を、彼は甥のジョンに語り聞かせた。幸せだった子ども時代を語り、両親の愛を語り、それらすべてを奪った災厄を語り、そして聖書との真の出会いを語った。彼にとってそれこそが、自分ひとりが生かされていまここに在ることの意味であり、新しく得た年少の友人にどうしても伝えなければならないことだったからだ。

幼い甥はその思いをただしく受け取り、長じて一篇の歌に仕立て、亡き叔父に捧げるとともに、その物語をわたしたちにも届けてくれたのである。

無人島に持っていくに値する一冊の本とは、マシューにとっての聖書のようなもののことだ。

彼は読書家ではない。家にはもしかしたらこの聖書のほかに本などなかっただろう。けれども、ここには本というものの真の価値を知る者の姿がある。

孤独は癒えることがなくても、それと量《はか》りあえるほどの滋養を、本は与えてくれる。そしてそのことを知る者だけが、新しい物語をわたしたちに残してくれるのだろう。

日本語はカッコわるい？ 03

†デザイナーはなぜ欧文を使いたがるのか

デザイナーに書籍の装丁を依頼するとき、よく「タイトルの欧文はありませんか?」といわれる。翻訳書の場合は原則的に表1《ひょうイチ》[1]に原書のタイトルを載せることになっているのだが、翻訳書でなく「日本版がオリジナル」の本の場合にも、「欧文タイトル」を求められることがあるのだ。

「日本語のタイトルがあるんだから、それと著者名をうまくレイアウトしてデザインしてくださいよ」と返したいところだが、そういうときには編集者の側にもちょっと負い目があったりする。つまり「日本語のタイトルがいまひとつアピールしない」と

1　カヴァーや表紙の、持って手前側（そのウラ面が表2）。おなじく向こう側が表4（そのウラ面が表3）。

か「よい図版を用意できなかった」といった〃弱み〃があって、「たしかにこのタイトルと著者名だけではデザインしにくいだろうなあ」と納得してしまい、なんとかデザイナーの希望にこたえようとするわけだ。といっても、自分が思いつくことや語学力に限界があるので、ふつうは著者に相談することになる。

そうやってできた欧文タイトルには、和文タイトルの「直訳」もあれば、ちょっと視点をずらして、タイトルだけからは見えてこないその本の隠れた性格をあらわすものもある。言語ももちろん、英語だけではない。これがうまくはまると、本になんともいえない奥行きが生まれることがある。

これまでそうやって付けてきた「欧文タイトル」のなかから、われながらうまくいったと思うものをいくつか紹介してみたい。

片山杜秀 著『片山杜秀の本1　音盤考現学』

Katayama Morihide Archives 1 — Disc Modernology

——本のタイトルは直訳。シリーズ・タイトルを‘archive’としたのは、「書籍化」などまったく意識せずに片山さんがどんどんアウトプットする厖大なコンテンツを、後追いでなんとか集成してパブリックな財産にする、というシリーズの企図から。

小鍛冶邦隆 著『作曲の思想――音楽・知のメモリア』
Penseé de la composition
――こちらはフランス語。「思想」の重厚さと‘penseé’の軽やかさの組み合わせがおもしろい。

礒山雅ほか 編『教養としてのバッハ――生涯・時代・音楽を学ぶ14講』
14 Lectures on J. S. Bach
――国立音楽大学での連続講義をまとめたという性格から‘lecture’という語を使用。さまざまなテーマを一冊に収めているので、あえて素っ気ないタイトルに。

中井正子 著『ドビュッシーと歩くパリ』
Debussy à Paris
――フランス語のほうはシンプルに「パリのドビュッシー」。地図付きのガイドブックでもあり、作曲家がパリでどのように暮らしていたかをたどった伝記でもあり、という深みを伝えられたらと考えて。

松原千振 著『ジャン・シベリウス——交響曲でたどる生涯』
Jean Sibelius — hänen elämänsä nähtynä sinfonioiden kautta
——これは直訳（だそうです。フィンランド語はまったくわかりません）。

小林聡幸 著『音楽と病のポリフォニー——大作曲家の健康生成論』
Polyphoniae Salutographicae
——こちらはラテン語。salutography〔英〕というのは、従来からある「病跡学 *pathography*」にたいして、著者が唱える「康跡学」（芸術家が創作によっていかに健康になったかを考える）をあらわす造語。日本語のタイトルでは「病」と言っているけれど、ラテン語では「健康」のほうを強調しているというしかけ。

編集者のほうはこんなふうにいろいろなことを考えて、欧文タイトルをひねり出すわけだが、デザイナーの考えていることはもっと即物的で、たんに「日本語よりもアルファベットのほうがさまになる」ということだったりする。最近は、欧文タイトルがどーんと大きく、ほんらい主役のはずの日本語のタイトルが添えもののように小さく記されているデザインもよく見かける。

しかし、そもそもなぜ日本語はカッコわるく、欧文はカッコいいのか。欧米の観光客が、漢字のプリントされたTシャツを喜んで買っていくように、われわれが「ダサい」と思っている日本語も、河岸を替えれば“Cool!”ということになるわけだから、彼らにとっては日本語はカッコよく見えているのかもしれない。

ただ、アルファベットが「表音文字」であり、漢字が（純粋な意味でのそれではないとしても）一般的に「表意文字」といわれることから、認知のあり方がおのおの異なるということはいえそうだ。漢字が意味に直結しているのにたいし、ひとつひとつのアルファベットは意味をになっていないから、まずはかたちとして認識され、脳内で音に変換されて、はじめてそこに意味が立ち現れる。日本語話者にとっては、とくにその差が大きいだろうが、日本語を解しない欧米語話者にとっても、やはりアルファベットでつづられた語句の認識はそのような段階をふむのではないか。それがいかに瞬間的におこなわれるのだとしても。

いわんや、日本人であるブックデザイナーをや。デザイナーは、タイトルや図像、著者名など、それぞれに意味をになった要素を、いったん意味のないグラフィックな要素ととらえて、組み合わせ、配置することで、ひとつのヴィジュアルな作品として完成させる。そのとき、グラフィックじたいが意味と直結する漢字を主体とする日本語は、いかにも扱いづらいだろう。どんなふうに配置したとしても、その意味を純粋にヴィジュアルな表現に変換することはできない。ようするに、日本語はどうしても〈モノ〉にはなってくれない。持って生まれた〈意味〉を消し去れないのである。その点、欧米語は、ひとつひとつの文字が意味をもたないから、デザイナーにとってはよりヴィジュアルな要素として扱いやすいだろう。

‡ ゲーテ、朔風、日本語ロック

格好の良し悪しはさておいて、ここでひとつ、歌における欧米語と日本語の違いに目を向けてみたい。題材はおなじみ、ゲーテの「野ばら *Heidenröslein*」。シューベルトの歌曲やヴェルナーの合唱曲でよく知られており、日本では「野なかの薔薇」と題された近藤朔風《さくふう》による訳詞がもっとも人口に膾炙《かいしゃ》しているだろう。

第一連だけを見てみよう。

Sah ein Knab' ein Röslein stehn,
Röslein auf der Heiden,
War so jung und morgenschön,
Lief er schnell es nah zu sehn,
Sah's mit vielen Freuden.
Röslein, Röslein, Röslein roth,
Röslein auf der Heiden.

童《わらべ》は見たり
野なかの薔薇《ばら》
清らに咲ける
その色愛《め》でつ、
飽《あ》かずながむ
紅《くれない》におう
野なかの薔薇

話は少し逸れるが、翻訳書の出版を考えるとき、「いったいこの本は何ページくらいになるだろうか」ということを考える。よく、欧米語のワード数（単語の数）を二倍した数が日本語の「文字数」になるといわれるのだが、経験上、英語の場合は「20ワード＝日本語50文字」と考えるようにしている。わたしが手がける書籍は、文芸書やエッセイよりも学術書のことが多く、逐語訳が推奨されるし、訳注などが加わる可能性も高い。ものによっては「20ワード＝60文字」（つまりワード数の三倍）くらいになるケースもある。翻訳出版したい本の原書の、なるべく文字が詰まったページのワード数を数えて、それを20で割ったものに50（ないし60）を掛け、さらに原書のページ数を掛けると、その本が日本語で何文字になるかが計算できる。そこから日本版のページ数が概算できるというわけである。[2]

ドイツ語の場合は、たとえばMusik（音楽）とPsychologie（心理学）を結合させてMusikpsychologie（音楽心理学）と一語にするなど、とくに学術的な文章において、抽象的な語を組み合わせて新しい概念をつくりだすために、複数の単語をくっつけてひとつの単語にしてしまうことがよくあるので、単純にワード数の二倍とか三倍という考え方ではうまくいかないことも多い。

2　本全体のヴォリュームを推算する場合は、それに加えて目次や扉などのページも加味しなければならないから、わたしの場合は、20ワード≒50文字の換算で得られたページ数を、さらに1割増しにして「日本版のページ数」を割りだしている。

そういう例外もあるが、欧米語の一ワードの音節数が平均一〜三個、日本語の一文字の音節数が平均一、二個と考えると、欧米語を日本語にすると、音節数においても二倍、三倍にはなりそうである。

欧米語の歌詞を日本語にする場合、それも「対訳」ではなく、同じメロディを日本語で歌えるように「訳詞」することが、たいへんな苦労をともなうことは容易に理解できるだろう。ふつうなら二倍から三倍になることもある音節数をなんとか減らして、同じ音節数に圧縮しなければならないのだから。その意味で、朔風による「野ばら」の訳詞は、やはり名訳といわなければならない。

少し細かくみてみよう。以下は三連ある詩の最初の連について、ドイツ語の原詩、逐語訳（あくまでも一例）、朔風の訳詞を並べたものである。朔風は訳詞をするうえで行にまたがって語順を変えたりしているので、最初の四行については、二行ずつまとめて示した。逐語訳のなかで【　】で囲ったのは、朔風が訳さなかった語（意味）である。

［原　詩］Sah ein Knab' ein Röslein stehn, / Röslein auf der Heiden,
［逐語訳］少年は【小さな】ばらが咲いているのを見た。 荒野に咲くばらを。
［訳　詞］童は見たり　野なかの薔薇

［原　詩］War so jung und morgenschön, / Lief er schnell es nah zu sehn,
［逐語訳］（ばらは）みずみずしく、【朝のように】美しかった。 彼はそれを近くで見ようと【すばやく駆け寄った】。
［訳　詞］清らに咲ける　その色愛でつ、

［原　詩］Sah's mit vielen Freuden.
［逐語訳］（彼は）それを大きな喜びをもって見た。
［訳　詞］飽かずながむ

［原　詩］Röslein, Röslein, Röslein roth,
［逐語訳］【小さなばら、小さなばら、小さなばらは】赤い。
［訳　詞］紅におう

〔原　詩〕**Röslein auf der Heiden.**
〔逐語訳〕**荒野に咲くばら。**
〔訳　詞〕**野なかの薔薇**

原詩四行目にあたる「その色愛でつ」など、朔風が翻訳を超えて独自の表現をおこなっている部分もあるが、驚くべきは、逐語訳と訳詞との語数・音節数の大きな差にもかかわらず、訳詞において省略された語がひじょうに少ないことである。

まず原詩のタイトルにもある'Röslein'は、Rose（ばら）に指小辞-leinを付加したもので、いってみれば「こばらちゃん」というようなニュアンスになる。これをたんに「ばら」とするのは、省略というほどのことではないだろう。また、原詩三行目にある'morgenschön'は「朝のように美しい」とでも訳すことのできそうな詩的な形容詞で、「朝」という語そのものにとくに意味はなく、朔風はその前のjung（若い）と合わせて「清らに咲ける」と絶妙な言い換えをしているから、これも省略とはいいがたい。ひとつだけ、Lief er schnell（すばやく駆け寄った）という少年の行動描写は割愛するほかなかったようだ。

このように朔風は、語数・音節数を切り詰めながらも、原詩の意味をほとんど省略しないで、訳詞をつくりあげている。もうひとつ、シューベルトの歌曲《野ばら》を念頭に付け加えるならば、音楽がもっともエモーショナルに揺れ動く「あーかーずーなーがーーむ」の部分で、声楽的に歌いあげやすい「a」の母音を多用するなど、東京音楽学校に学んだ経歴を思わせる音楽的な手腕を見せていることである。明治期に、語学と文芸と音楽のすべてについて、これほどまでに深い洞察をもつ人物がいたことは、もっと注目されてよいことだと思う。

◇　◇　◇

しかし、ここで着目したいのは、このような朔風の努力にもかかわらず、生じてしまっているドイツ語と日本語の違いである。

ドイツ語原詩の一行目‘Sah ein Knab’ ein Röslein stehn,’には、einという不定冠詞が二つ含まれている。英語のaと同じで、「ひとつの」という意味でもあれば、「ある」という意味にもなる。この行でいえば、「ある少年が一本のばらが咲いているのを見た」という感じになる。日本語ではどちらもあえて訳さないことが多いだろうが、それぞれ一音節ずつを占め、シューベルトの歌曲においては、'Sah ein Knab' ein' に均等に四つの八分音符が充てられている。冠詞をもたない日本語との文法上の違いといってしまえばそれまでだが、意味上重要な動詞（Sah）や主語（Knab'）と同じだけの音価を不定冠詞が占めることにより、より客観的で一歩引いた視点から、少年が一人、バラが一本という情景を描写するニュアンスが生まれるだろう。

三行目の 'War so jung und' にもシューベルトは四つの八分音符を充てている。副詞 so（とても）や接続詞 und（そして）もまた、文法構造上強調されるべき語ではなく、日本語に訳さないことも多いが、ドイツ語ではこれらにも同じように一音節ずつがあてられており、その結果、やはり一歩引いた客観的な雰囲気が生じている。

また、そこここに er（彼は）とか es（それを）といった主語や目的語が差しはさまれ、それが視線のヴェクトルを固定化し、同時に読むものの安易な感情移入を阻《はば》んでいることも見逃せない。

行末に目を転じると、一行目 stehn〔シュテーン〕と三行目 schön〔シェーン〕と四行目 sehn〔ゼーン〕、二行目 Heiden〔ハイデン〕と五行目 Freuden〔フロイデン〕が、それぞれ脚韻を踏んでいる。日本語の詩でも脚韻を踏むことはあるが、ヨーロッパにおいては、散文に対して韻文のことを詩とよぶのであり、その韻とはまずもって脚韻をさすといってもいい。韻は文章の意味には直接の影響をおよぼさないが、そもそも詩を詩ならしめる、形式上もっとも重要な要素である。

複数のページの前後を表紙でくるんで綴《と》じたものを本と定義するとすれば、欧米の詩における韻とは、本における表紙にあたるものともいえるかもしれない。つまり詩というかたちを外に示すものである。

ein や so や und など意味上はそれほど重要でない語が、他のより重要な語と同等の重みをもつことからくる客観的な描写性と、主語と目的語による視点の固定化、脚韻がもたらす詩としての形式の強調。それらはいずれも、ドイツ語などの欧米語における文芸というものが、究極的には読者に感情を喚起することが目的であるとしても、そのまえにまず、感情のもととなる情景を描くこと、その情景を詩という鋳型に流しこみ造形することを重んじる――つまり、ことばを〈意味〉としてではなく〈モノ〉として提示し、その〈モノ〉が受け手の裡におのずと〈意味〉を生じさせることをもって〈芸術〉とよぶ――、その基本的な姿勢を示していないだろうか。

朔風による訳詞はそれに対して、少年の主観的な感情の動きが、直接に読むものの裡にコピーされるような感覚がある。「童」という主語が示されるのは最初だけ。そのあと読者は彼にだんだん感情移入し、いつのまにか自分の目で野ばらを「愛で」、「飽かず」ながめるようになるのである。これは朔風が意図的にそうしたというより、主客を厳密に区別しないで叙述を進めていく日本語の性格によるものと思われる。

◇　◇　◇

一九六〇年代の終わりから七〇年代にかけて、「日本語ロック論争」が話題をよんだ。内田裕也やはっぴいえんどなど、当時日本でロックを演っていた代表的なミュージシャンたちが、音楽雑誌の座談会で、「日本語でロックは歌えるか」というテーマで論争を繰りひろげたのである。

ここで「ロックに日本語は乗らない」と主張した側は、無意識のうちにロックの歌詞に、ゲーテの流れをくむ「客観的な描写性と詩としての形式の重視」をもとめていたのではないか。シューベルトの歌曲でもロック・ソングでも、韻律をもった詩がメロディに乗れば、意味よりも先に音節の並びがリズムとして認識され、脚韻がフレーズの統一感をもたらし、そのうえで描かれた情景が眼前にひろがる。それが歌曲（ソング〉という形式を決定づける〈かたち〉である。それがうまくいったとき、そのうたは「カッコいい」といわれる。

それに対して、日本語ではメロディやリズムよりも先に、生《なま》の意味が、感情が脳内に飛びこんでくる。耳で聴いているだけなのだから、漢字が表意文字であることなど関係ないと思われるかもしれないけれど、ドイツ語なら'Knab,'と一音節ですむところを「わらべは」と四音節も使うのだから、それをひとつの単語として認識するには、どうしても「童は」と脳内で漢字に変換する過程が必要なのである。'Sah ein Knab' ein...'と調子よく情景を描写していたドイツ語が、日本語では「童は……」と一括りの〈意味〉に変換されてしまうから、どうしてもメロディやリズムよりも意味のほうが前景に置かれる。

また、登場人物の感情であったものが、いつのまにか受け手の感情にすり替わってしまうから、主語が省略されることもひんぱんにおこなわれる。これでは、ことばが意味（感情）を伝えているだけで、芸術としての形式をもった歌曲（ソング）はなりたたない——いささか極論かもしれないが、おそらくこういう思いが、（無意識ではあったとしても）日本語ロックを否定する側にはあったのではないかと思うのである。

◇　◇　◇

デザイナーが装丁に欧文を使いたがるのも、ロックに日本語よりも英語が合うと主張する人がいるのも、日本語が〈かたち〉のなかにすでに〈意味〉をはらんでいるからだろう。芸術家は自分の作品を、まず〈モノ〉として提示したい。そこに最終的になんらかの〈意味〉を読みとるのは受け手の自由だが、つくり手は最初から〈意味〉を提示しようとはしないものだ。

日本語で本をつくること、日本語で詩を書くことは、その意味で、最初から大きな矛盾、ハンデをかかえている。日本語を使ったとたんに読みとられてしまう〈意味〉をいかに回避し、プレーンな〈モノ〉の次元に戻すことができるか——。逆にいえば、その矛盾、ハンデを自覚することが、安易な感情移入を意識的に拒否する契機ともなるにちがいない。

そして、それに成功した日本語の本、日本語のうたは、端的にいって「カッコいい」のではないだろうか。

04 名前の共同体

初対面の人と名刺交換をしたり、病院で順番を待っているとき、名前を間違えずに呼ばれたためしがない。たいがいは「はじめ」とか「もと」と呼ばれて、「いや、ゲンです」と訂正すると、「そうなんですね」と、ちょっと意外そうな顔をされる。しかし、「木」も「村」も「元」も小学一、二年生で習う漢字だ。小学生のころは画数の多い漢字の名前に憧れたものだが（友達に「慶蔵」というのがいて、じつに羨《うらや》ましかった）、この簡単な名前を大人になってもすんなりと読んでもらえないとは、こちらだって意外なのである。親に文句を言おうかとも思ったが、父の自伝[1]を読むと、「敏《ビン》」を「さとし」と読まれたり、あるときなどは「とし」と読まれて女の子と間違えられた、というくだりがあり、それよりマシかと思いなおした。

1　木村敏『精神医学から臨床哲学へ』〔ミネルヴァ書房、2010〕

しかし、「はじめ」や「もと」よりも「ゲン」のほうが、「さとし」や「とし」より「ビン」のほうが先に出てきそうなのに、なぜ人はむずかしい読みのほうを正しいと思うのだろうか。

ここにはおそらく古来の有識読みの伝統がかかわっている。有識読みとは簡単にいえば、木戸孝允《たかよし》を「コウイン」、徳川慶喜《よしのぶ》を「ケイキ」、柳宗悦《むねよし》を「ソウエツ」など、ほんらい訓読みの名前を音読みにすることである。読み方がわからないからとりあえず音読みにする場合もあるだろうが、訓読みは畏《おそ》れ多いので音読みで、というようなケースもある。加藤清正を「清正公《セイショウコウ》」と呼びならわすのもそんな意識からだろう。

そしてもうひとつ、諱《いみな》という習俗もある。諱は「忌み名」が転じたもので、死者の名を口にすることをはばかる習慣から、転じて本名をさすことばである。諱はその人物の霊的な人格と直接にかかわると考えられたため、古くは親や主君のみが呼ぶことを許された。近代以降、諱の習俗が形骸化してのちも、われわれがおたがいに姓で呼びあうことを通例とし、よほど親しくないと下の名（実名《じつみょう》）を呼ぶことがないのは、この伝統が意識下に伏流していることを示している。

現代になって、諱や有識読みの習慣がすたれてのち、本名こそが必要とされる管理社会のなかでは、その意識下に伏流する伝統が逆にはたらいて、「元」を素直に「ゲン」と読むはずがないという意識がはたらくのではないか。だから、初対面の人も病院の受付嬢も、わざわざむずかしいほうの読み方を選ぶのだ。もっと深読みすれば、人の名前は簡単に読めるはずがないという意識を、誰もがもっているのではないだろうか。

昨今、「キラキラネーム（DQNネーム）」なるものが世の中を騒がせるが、これも名前は難読であるべしという意識のあらわれではないか。ちょっと調べただけでも「泡姫《アリエル》」「黄熊《プー》」「今鹿《ナウシカ》」などいろいろ出てくるが、まさにこれは親や親しい者だけに読むことをゆるされた現代の諱だ。けっして現代特有の現象などではなく、むしろ意識下にあった日本古来の習俗が、管理社会をあざわらうかのように噴出したものと思える。

◇　◇　◇

ふたたび身内の名前の話に戻る。父には「淳《ジュン》」という弟がいる。本人に聞いてみたことはないが、きっと「あつし」とまちがって呼ばれたことも多かっただろう。淳《ジュン》叔父は若くしてカナダに渡り、その後アメリカのアイオワに定住して、いまも神経内科医として世界中の学会を飛びまわっている。この叔父には息子（つまりわたしの従弟）が三人いて、それぞれ健《ケン》、励《レイ》、成《ジョウ》という。もちろん英語圏で生活することを前提に付けた名だ。

励くん曰く、学校の友達からクリスマスカードなどをもらうと、宛名が'Raymond Kimura'と書かれているので、わざわざ「ぼくはレイモンドじゃなくてレイだ」と訂正するという。まったく、うちの親族は洋の東西を問わず名前で苦労するものだと思うが、この話は、欧米においてファーストネームというもののもつ意味を教えてくれるような気がする。

一九八八年の米映画《レインマン》では、チャーリー〔トム・クルーズ〕が自閉症〔サヴァン症候群〕の兄レイモンド〔ダスティン・ホフマン〕の世話をしながら旅をする。少しばかりネタバレになってしまうが、自分が世話をしなければ生きていけないはずの兄が、じつは子供時代の自分を救ってくれていた存在だったことをチャーリーが知るきっかけは、兄の名前にあった。映画ではふれられていないが、Raymondには「救う者」という意味があるそうだ。欧米の人たちは、そういうことを意識しながら〔あるいは無意識に感じながら〕映画を観るのだろうし、たとえばRay Charlesの歌を聴くときもそんなことを思うのかもしれない。

以前通っていた英会話教室[2]の先生はニックというが、クリスマスの日に生まれたそうで、つまり聖ニクラウス（サンタクロース）にちなんで名づけられたのだという。新しく教室に参加する生徒がいると、彼はかならずその話をして、自分の名前を印象づける。別にサンタクロースのような髭《ひげ》をたくわえているわけでもないし、常日頃サンタクロースを意識しているわけではないと思うが、たいへん博愛精神が強く、他人に対して自分が与えられるものはなにかということをつねに考えるところは、きっと幼時から誕生日や名前の由来を意識させられて育ったことも影響しているのではないかとにらんでいる（彼にいつか訊いてみたいと思いつつ、悲しいかな、そういう複雑な話ができるほどにはこちらの英語力がないのであきらめているのである）。

キリスト教圏の国々では、いまでも子どもに聖人にちなんだ名をつけることが多いから、学校やパーティなど大人数が集まる場所では、そのなかに何人もレイモンドがいたり、ニックがいたり、メアリがいたりすることになる。初対面の人物が自分と同じ名前だったとき、彼らはどういう意識をもつのか、わたしはそこにとても興味がある。これは推測でしかないが、おそらくある種の仲間意識をもつのではないか。だとしたら、それはどういう仲間意識なのだろうか。

2　アルテスの事務所がある東京・下北沢には、1年365日イヴェントを開催することで知られる「本屋B&B」があるが、書店としての開店時間の前に早朝英会話スクールをやっていて、わたしはその1期生である。

日本人どうしでも、ひとつの集団のなかに複数の「たけし」がいたり「ひろこ」がいたりすることはある。そういう人どうしが自己紹介をしあったときには、やはりなんらかの親近感は生まれるにちがいない。ただ、それよりも、日本人の場合はむしろ名字のほうに意識がいきそうだ。高橋や鈴木や佐藤はあまりにも人口が多そうだから、そういう意識も生まれないかもしれないが、たとえば与那嶺《よなみね》という人が仲間《なかま》という人に会ったら、「お、沖縄のご出身ですか」ということになるだろうし、錦織《にしこり》さんや世良《せら》さんなら、きっと「島根の出ですか」とか「広島のお生まれですか」などと訊かれることがあるだろう。そもそも、日本の社会では、小学校はともかく、だいたい中学以上になったら、学校でも名字で呼びあうことが普通になる。下の名で呼びあうのは、上述のとおり、そうとうに親しくなってからのことである。

これに対して、欧米人どうしでは、少し親しくなるとすぐにファーストネームで呼びあうようになる。もちろんそれは親しみの表現なのだろうが、それにくわえて、その名前のもつ〝意味〟を尊重する意識もはたらいているのではないか。「クリス〔クリスチャン〕」だったら「親がこの子をしっかりしたキリスト者として育てたいと思ったにちがいない」と考えるだろうし、「メアリ」にたいしては聖母マリアを連想しつつ接することだろう。そして「ピーター」どうしが出会ったときには、イエスの最初の弟子であり、師の受難にさいしては心ならずも師を三たび否認し、その後ローマに布教するもネロ帝の迫害により殉教をとげた聖ペテロの物語を共有するものとして、おたがいに連帯感を感ずるのではないだろうか。家族や地域、学校、会社などの目に見えるコミュニティとは異なる「名前による共同体」ともいうべきものが、欧米の人々のあいだには存在するのではないかと思うのである。

◇　◇　◇

「名前による共同体」を可能にしているのは、欧米の人たちにとってファーストネームというものがある種の〝テクスト〟だということだ。彼らにとってファーストネームとは、多くの場合、キリスト教の聖人の物語を内包したテクストである。テクストであるとは、その意味が万人に向けて開かれているということだ。理屈だけをいえば、大人でも子どもでも、白人でも黒人でも、金持でも貧乏でも、同じファーストネームをもつかぎり、同じテクストをもつ仲間なのである。このテクストは国境や時代を超えても開かれている。アメリカの黒人アスリート、カール・ルイスも英国のチャールズ皇太子も数年前に亡くなったフランスの歌手シャルル・アズナヴールも、はたまた初代神聖ローマ皇帝カール大帝〔シャルルマーニュ〕も進化論の創唱者チャールズ・ダーウインも『資本論』の著者カール・マルクスも、国ごとに発音が異なるだけで、同じ名前と見なせる。みな同じ意味をになったコミュニティの一員なのである。彼らはおたがいに出会ったとき——じっさいに出会うことがなくても、その名を目にしたとき——、やはりなんらかの共同体意識を感ずるだろう。

キリスト教社会のなかではこのように、ひとりひとりの個人がたしかな意味や役割をもつことが、ファーストネームによって明示的に担保されている。これが欧米のリベラリズムの根底に流れる意識ではないだろうか。彼らは生まれたときから、自分の名前を万人に開かれたテクストとして意識させられる。家族や地域や会社など現世的な利害関係をともなった目に見える共同体とは別に、名前にこめられた意味が紐帯となって時空を超えて結ばれる共同体が存在することによって、彼らは目に見える共同体に縛られたり埋没したりすることなく、アイデンティティを確立するよすがを見出すことができるだろうし、利害関係のまったくない人間関係にも積極的な意味を見出すことができるのかもしれない。

指揮者カルロス・クライバーが、少年期をアルゼンチンで過ごしたとはいえ、ドイツ語の「カール」ではなくスペイン語の「カルロス」で通したのは、偉大なる指揮者エーリヒ・クライバーの息子であることにたいして彼が生涯抱えつづけた葛藤を示唆している。「カール」「チャールズ」という名前には「男」のほかに「自由農民」という意味もあるそうだ。彼はアルゼンチンふうに「カルロス」を名乗ることで、父親からもドイツからも自由になりたいという思いを示していたのかもしれない。

アガサ・クリスティ『ＡＢＣ殺人事件』にはアレクサンダー・ボナパルト・カストという気弱な人物が登場する。「名前負け」の典型のような人物で、アレクサンダー大王やナポレオンを連想させる「偉大すぎるファーストネームとミドルネーム」に押しつぶされた存在といえる。こういう例もあるから、ただ単純に欧米人のファーストネームを、現世的なコミュニティの軛《くびき》を超越するものとして称揚することもできないが、この例を含めてみても、欧米の社会に、個人が名前をとおして、みずからの存在や意味をいやおうなく世界に向けて開く〝しくみ〟があることはたしかだ。

◇　◇　◇

きわめて狭い人間関係のあいだにしか名前を容易に読みとらせない日本人にとって、リベラリズムはしょせん縁遠いものなのだろうか。

有識読みや諱の伝統に見るように、日本人にはもともと複数の名をもつ習慣がある。現代においても、あだ名、ペンネーム、ハンドルネームなど、日本人ほど変幻自在に名前を使い分ける人々はいないだろう。ある意味、名前そのものをテクストとして対象化することに長《た》けている、ともいえる。欧米の人たちから見れば、「名前をどう読んだらいいのかわからない」――アイデンティティがどこにあるのかわからない――薄気味の悪さがぬぐえない国民ということになるかもしれない。

いっぽう、アラブ諸国はどうだろう。イスラム圏の人々の名前は、家族や出身地域などのコミュニティをあらわし、そのルールは欧米よりも厳密だ。たとえばサダム・フセインと通称されるイラク元大統領は、正確にはサッダーム・フセイン・アブドゥル＝マジード・アッ＝ティクリーティーという名をもち、その意味するところは「ティクリート出身のアブドゥル＝マジードの子フセインの子サッダーム」となる。ファーストネーム「サッダーム」は「直進する者」を意味するムスリム名で、そのあとに親や祖父のファーストネームが続き、姓はない。欧米の人々よりもよりテクスト化された名づけといえるだろう。

キリスト教的な原理によって人々の名に意味や役割をあたえてきた欧米の自由主義が、より強固な単一原理を奉ずる人々との距離や関係をうまくもてぬまま、反動的に硬直化しつつあるようにみえるいま、みずからのアイデンティティ自体を相対化し複数化して矛盾を乗り切ってきた日本人の役どころは、あんがい重要かもしれないと思うのである。

05 音楽は肯定する

出版関係者と話していて、「うちは企画会議やらないんです」というと、だいたい驚いた顔をされる。書き手から企画をもちかけられて、その場で「じゃあ、やりましょう」と即決することも多く、「えっ、会議には通さなくていいんですか」などと問い返されることもある。

以前勤めていた会社もそうだったが、どこの出版社においても企画会議は、とくに編集者にとって、とても重要な場だ。毎月の企画会議の日程を中心に、日々の業務がまわっているといってもおおげさではない。書籍の編集者は黒子といわれるが、そんな黒子にとって数少ない晴れ舞台が、企画会議なのである。

本の主役はいうまでもなく著者であるが、その企画を著者と語らってまとめあげるのは編集者の仕事だ。人間、自分が考えたアイディアがどんなに素晴らしいかを、臆面もなく人前で述べたてる機会などそうそうあるものではない。けれど企画会議においては、編集者は（著者の名前を前面に出しながらではあるが）自分の着想がどんなにすぐれたものであるか、この出版社にとってその本を出すことがどんなに意義深いことであるか、そしてそれがどんなに大きな利益をもたらす（はずである）かということを、衒《てら》うことなく、居並ぶ経営陣を前に披露することができるのである。決戦を前にしたアスリートよろしく、武者震いせずにはのぞめない晴れ舞台といえよう。

ただ、わたしにとって毎月毎月の企画会議は、途方もない苦痛でしかなかった。人前でしゃべるのが苦手ということもあるが、それだけでなく、自分が素晴らしいと思ったことが、どうやったら他人にも同じように素晴らしいと思ってもらえるのか、どう考えてもわからなかったからだ。

たとえば、マーケティングということばがある。音楽の本でいえば、このジャンルの音楽を好む人はCDの売上高から類推するにこれくらいの人数は存在するであろう、性別や年齢層はこれこれと推測される。だから、その人たちの好みそうな著者・タイトル・デザイン・文体などを使って、これくらいの価格の本をつくれば、これくらいの部数は売れるであろう。——マーケティングというのは、だいたいこういうふうに考えることだ（たぶん、マーケティングの専門家から言わせれば、まったく間違っている！　と怒られるだろうが）。

企画会議は編集者にとって決戦の場である。戦うためには鎧兜《よろいかぶと》が必要だ。だから編集者はマーケティング戦略を練って理論武装する。そのテーマについて聞いたこともない、著者の名前も知らない、そもそも毎日金勘定に忙しくて本を読む暇もないであろう経営者たちに、内容の素晴らしさを説いても意味がない。彼らに理解できる数字を、わかりやすいストーリー仕立てで提示してあげることが重要なのである。

わたしも、見よう見まねのなんちゃってマーケティングを駆使して、適当な数字をちりばめた企画書をでっちあげ、毎月の企画会議にのぞむのだが、その数字がこの著者の主張のユニークさや、そこで扱われている音楽の素晴らしさといかなる関係をもつものなのか、自分でもまったく理解できなかった。自分で理解できないことを、さもその分野のオーソリティのようなふりをして、自信たっぷりに語らなければならないのである。苦痛でしかなかったのはとうぜんのことだった。[1]

◇　◇　◇

1　この稿のテーマとは直接関係ないが、企画会議といえば、こんなこともあった。『音楽サロン』という翻訳書企画を提出したおり、出席者のなかにひとりだけ「サロン」という言葉から「ピンサロ」しか思い浮かべられず、「わが社の品位にかかわる」と大反対する御仁がいたのだ。さいわい、同調する人はおらず、無事その企画は通過したのだが、その後何も知らないデザイナーがピンク色を基調としたカヴァーデザインを提案してきたときは、思わず吹き出してしまった。

マーケティングというのは、ある商品にはそれを受け入れる市場（マーケット）があるということを前提とした考え方である。だが、編集者の自分がいまつくりたいと思っている本がどんなに素晴らしいものであるかを、自分以外の誰が知っているというのか。自分がその本によってこの世に出したいと思っている著者のユニークさを、自分以上に知っている者がほかにいようか。どこかにすでに存在するマーケットがその本を見いだすのではなく、その本の出版によってこれまで存在しなかった新しいマーケットが創出されるのである——。それが、新しい企画を会議に提出するときに自分が抱いていた偽らざる思いであった。

すぐれた本というものは、あるひとりの著者のユニークな「ものの見方」を、誰もがもつことができる共通の財産にしてくれる。その本を読むことによって、それ以前とは世界がまるで違って見えてくる。その「ものの見方」を知った読者たちは、そこで獲得した新しい価値観をもって新しい生き方を始め、その「ものの見方」をより多くの人に拡げていく。そこに新しいマーケットが生まれるのである。

もちろん、すでに存在するマーケットに向けて、新しい本を創案することも、立派な出版企画であり、それを否定するものではない。大学などで使用される教科書や著名な著者の新刊などは、受講生やその著者のファンといった「ある一定の数の読者」を最初から見込むことができ、その意味でマーケティングが有効な部類の企画といえる。

このところ、大手出版取次会社のトップをはじめ、出版業界の構造改革をめざす人たちがさかんに唱えるスローガンが、まさに「プロダクト・アウトからマーケット・インへ」であって、これは平たくいえば、「出版社の（もっといえば編集者の）勝手な思いつきで売れない本をつくって取次や書店に押しつける（＝プロダクト・アウト）のではなく、マーケットの需要をしっかり調査して、確実に売れる商品を送り出してください（＝マーケット・イン）」という意味である。まあ、わからなくもない。確実に売れることがわかっているのであれば、それが著者にとっても出版社にとっても取次や書店にとっても読者にとっても、良い企画であることはまちがいないからである。

ただ、いっぽうで思う。

マーケティングというものは、その出版物が受け入れられるであろう市場を限定することである。そのマーケットの規模や構成員の性別・年齢層などを限定していくことによって、商品のロットや価格、宣伝方法などが決まってくる。逆にいえば、そのマーケットの外部のすべて、あるいはマーケットの内部ではあっても、コア層とよばれる人たちとは性別や年齢、社会階層などを異にする人たちを切り捨てることで、商品の各スペックを逆算し、絞り込んでいくことが可能になる。つまり、マーケティングという手法には〝否定形〟の考え方が潜在しているといえる。

だが、マーケットの外側にいる人たちを切り捨ててしまったら、ファンクラブの会報とか学会の機関誌など、特定のマーケット内のみで流通するクローズドな出版物と変わらないだろう。コア層をターゲットにするにしても、その外側にも訴求する、マーケットそのものの変容をうながすような企画でなければ、出版の意味がないのではないか。

マーケットの外側を否定することによってはじめて成立する企画よりも、極端なはなしをすれば、自分ひとりだけの思いつきをとことん肯定し、自分が読みたい本を突きつめていくことによって、最初はマーケット構成員が自分ひとりでも、そこから新たなマーケットを創出していくような、巨大なポテンシャルをもった企画を考えてみたい――。それが毎月の企画会議にさいして、胸のなかに膨れ上がっては押さえつけるのに苦労していた思いであった。

なぜいまになって若いころの、いささか青臭く思われそうなこんな気概を語りたくなったかというと、ここのところ新型コロナウイルス（COVID-19）感染拡大に関連する報道などを目にし耳にするにつけ、ふつふつと胸に去来する違和感があり、それが昔どこかで経験したものに近いと感じていたのだが、なんのことはない、これは企画会議のときに感じていた感覚ではないかと気づいたからである。

◇　◇　◇

今回のパンデミックはいまだ終息の兆《きざし》も見えず、あらゆる方面に甚大な影響をあたえているが、とくに音楽家をはじめパフォーマンスをなりわいとする人々にとっては、みずからの存在意義をまるごと否定されるような事態であろう。人前で演奏することも、集まって練習することも、対面でのレッスンの機会も奪われ、収入を得る手段すべてをいったんは封じられたわけである。

予定されていたライヴや演奏会が次々に中止になったり延期されたりするなか、無観客で公演をオンライン配信したり、Zoomなどのオンライン・ミーティング・アプリをもちいたヴァーチャル・アンサンブルを披露するなど、この事態にいちはやく対応するアーティストたちの活動も次々に報道された。

シンガーソングライターの星野源がInstagramで《うちで踊ろう》と題して発表した動画には、有名無名問わず（さらには音楽以外のジャンルも巻き込んで）多数のコラボ動画が投稿され、一大ムーヴメントとなった。[2]

いうまでもなく、無観客での公演を無料で配信したり、ヴァーチャル・アンサンブル、あるいはSNSをつうじたコラボレーションをおこなっても、当の音楽家にとっては自分のプレゼンスをアピールする以外、なんの儲《もう》けにもならない。そもそも、CDなどのパッケージ商品が大きな利益を生んでいた時代が去り、音源のサブスクリプション化が進行するなか、音楽家たちがふたたび実演（および会場でのCDやグッズの販売）を中心に据えて、ビジネスモデルを立て直しつつあった矢先のこの事態である。これが一年も二年も続いたら、音楽の灯はほんとうに消えてしまうのではないか――。

音楽もビジネスとして考えれば、やはりどうしてもマーケットというものを相手にせざるをえない。星野源のマーケットは、星野源の歌を聴きたくない人や、お金を払ってまで聴こうとしない人が構成する「外部」を否定することにより成立する。それだけではない。マーケットというものはなによりも、購買者をマスとして数値化し平面に均《なら》してとらえる点において、当のマーケット内の個人の存在をも否定している。

音楽がビジネスとして成り立たなくなってしまった現今の緊急事態のもと、音楽家

2　Instagram｜#うちで踊ろう
†https://www.instagram.com/explore/tags/%E3%81%86%E3%81%A1%E3%81%A7%E8%B8%8A%E3%82%8D%E3%81%86/
‡2021年8月20日閲覧

たちが選んだのは、ビジネスというものがこれまでマーケットの論理において否定してきたことをひっくり返して、〝肯定の意志〟を示すことであった——わたしにはそう思えてならない。

「外出や営業の自粛に協力している人々を音楽で力づける」などというお題目もあろうが、なによりもまず、音楽をしつづけること。ビジネスという枠組が成立しなくなった以上、自分たちは音楽をするしかない。それも、これまでのようにマーケットという平面を相手にするのではなく、オンラインではあっても、顔の見える個人の存在を肯定し、自分自身をも一個人として肯定して、音楽を届けること。自分たちのすべきことを、ビジネスとしてではなく、音楽として肯定しなおすこと——彼らがいま始めようとしているのはそうした活動なのではないか。

そもそも、音楽には〝否定形〟はない。どんなに攻撃的なノイズに満ちた音楽であっても、そこにどんなに激しい抗議のメッセージがこめられていたとしても、音楽家は聴き手を、そして送り手である自分自身を肯定し、そして音楽そのものを肯定しなければ、どんな作品も送り出すことなどできない。

休業中のフランス国立管弦楽団の約五十名の団員が、それぞれの自宅からZoomをつうじてラヴェルの《ボレロ》を演奏し、話題になった。画面にそれぞれ四角く分割されたメンバーひとりひとりの姿は、オーケストラというものが個人の集まりなのだということを象徴的に示すものであり、その個人ひとりひとりの「音楽をしたい」という思いが結集したものが、オーケストラというかたちをとるのだということを力強く歌いあげるものであった。[3]

◇　◇　◇

いっぽう、新型ウイルスにかんする報道や政治家のことばは〝否定形〟にあふれている。「外出自粛」「営業自粛」「三密を避けること」「人との接触をこれまでの八割減らすこと」……。テレビで目にするのは「各地域の現在の感染者数は〇〇〇名、死者数は〇〇名」とパネル上で示される数値としてのわたしたちの姿である。「ステイ・ホーム」と言われて自宅に引きこもっているわたしたちは、このパネル上に数値として示されたわたしたちとどのような関係があるのか。営業を強行したパチンコ店に行列をなすあの人たちと、家でテレビを見ているわたしたちにはいかなる違いがあるのか。画面に映しだされる現実と、家にいるわたしたち個人は、これからどのよう

3　Le Boléro de Ravel par l'Orchestre national de France｜YouTube
†https://youtu.be/Sj4pE_bgRQI
‡2021年8月20日閲覧

な関係を結んでいけばいいのか。

星野源は《うちで踊ろう》を投稿したきっかけを、「家にいましょうとか、外に出るなということではない曲を作りたいと思ったんです」と語っている。[4] そこには個人の生を全面的に肯定する視線がある。だからこそ、多くの人々がひとりひとりの創意をもちよって楽しんだ。ハッシュタグの付いた「#うちで踊ろう」は結果的にマスになったが、個人の生を肯定するところから始まったマスは、最初からマーケットとして平面的にとらえられたものとは質的にまったく異なるものとなる。

《うちで踊ろう》には時の総理大臣まで参加し、ネット上では「炎上」といえる批判を巻き起こした。もとより星野源がどんなかたちでの参加も許容するかたちでコラボを呼びかけている以上、政治家が自宅で愛犬と過ごす姿を投稿することに問題があるわけではない。おそらく、それが個人の創意の発露などではなく、記者会見で語られるのと同じ、「自宅でおとなしく過ごしましょう」というマスに向けたメッセージにすぎないことを、多くの人は敏感に嗅《か》ぎとったのだろう。音楽には否定形はないけれども、混じりけのない〝肯定のメッセージ〟は、異物をあやまたずにあぶり出し、それを一撃で打ちのめす強さをもつ。

4 荻原梓「星野源「うちで踊ろう」はなぜ一大ムーブメントとなったのか？ 3つのポイントから考察」（Real Sound、2020年4月12日配信）
†https://realsound.jp/2020/04/post-537544.html
‡2020年8月19日閲覧

音楽家たちが「生活していく」ためには、これからも多くの困難が待ち受けていることだろう。だが、この非常事態下で彼らが示してくれた肯定の意思、なかんずく個人の存在の肯定をベースに、これからのビジネスは構築されていくべきだと強く思う。それがどんなものになるかはわからないが、きっと企画会議から生まれるものではないはずだ。

間奏　Tacet　沈黙

Tacet

Music matters.

新型コロナウイルス感染拡大防止のため、二〇二〇年四月上旬に東京をはじめとする七都府県にたいして発出された一回目の緊急事態宣言が、その後の感染者数減少を受けて（あるいは、なんらかの政治的意図から）解除されたのが五月下旬のこと。いったんは終息に向かいつつあるかに見えた状況が七月に入って再悪化の傾向をみせ、「第二波」の到来かとふたたび不穏な空気がただようなか、八月一日にユニークな演奏会が開催された。作曲家・川島素晴のプロデュースする「無音」と題するコンサートだ（東京・上野公園内の旧東京音楽学校奏楽堂にて開催）。

川島によれば、もともとは「オリンピックの喧騒を離れて、静寂に耳を澄ませませんか？」という意図で前年構想し、予告もしていたとのことだが、ちょうどその時期に開催されているはずだったオリンピックも一年延期となり、時ならぬパンデミック襲来で、「ほぼ全ての音楽会が中止や延期となり、文字通り、音楽の世界では〈無音〉状態が続」いていた異常事態のなか、ジョン・ケージ、ラ・モンテ・ヤング、リゲティ・ジェルジ、そして川島自身の作品などを並べて、「（ケージの）《4'33"》以前と以後の〈無音〉作品を歴時的に選曲、様々な角度から〈無音〉のあり方を体験する二時間の内容」は、みずから述べるとおり、「はからずも、まことに時宜を弁《わきま》えたもの」（川島自身によるウェブでの予告[1]）となった。

その演奏会の「開演時間」がまたふるっていた。「午後四時四分三三秒」。午後四時に着席すれば、予定されたプログラムのほかにもう一曲、ジョン・ケージ作曲《四分三三秒》を聴けるというわけだ（なお《四分三三秒》は、演奏会前半の最後でももういちど演奏された）。

地上の人間たちの混乱ぶりを知ってか知らずか、容赦なく照りつける真夏の陽ざしのなか、このユニークな演奏会は幕を開けた。わたしにとっては、三月におこなわれたアンドラーシュ・シフのリサイタルいらいはじめてのリアルなコンサート体験だった。

1 「無音0）川島素晴 plays... vol.2 “無音”を8/1に開催致します」（2020年7月4日公開）。演奏会全体のプログラムもこのページに掲載されている。
†https://ameblo.jp/actionmusic/entry-12608690744.html
‡2021年8月20日閲覧

◇　◇　◇

いかに出演者がほとんど音を発しない演奏会ではあっても、客の入場時にはマスクの着用、手指の消毒、体温測定、体調にかんするアンケートの提出などがもとめられる。客席はひとつおきに紙が貼られていて、市松模様状に着席することになる。パンデミック発生いらい、どこへ行っても同じようなことを求められるようになったから、みんな慣れたものだが、それでも、基本的には客が触れあったり声を発することもなく、比較的感染の危険が少ないはずのクラシックの演奏会でもこれかと、おそらくはわたしと同様、数ヵ月ぶりに演奏会に来たであろう来場者はあらためて感じていたのではないか。

この間、あらゆる場面で叫ばれた「ステイ・ホーム」「ソーシャル・ディスタンス」の号令は、自分自身を感染から守るためにというだけでなく、自分自身が感染拡大の加害者になるかもしれないという事実を突きつけるものであった。日本中からリアルな演奏会が消滅し、そればかりかちょっと出歩くことさえもはばかられ、みんなが寄る辺ない気持ちをかかえながら、自宅にこもって数ヵ月を過ごしてきたのは、無症状であっても感染拡大の原因になりうるというこの特異なウイルスの性質から、「自分が知らぬ間に他人を害する存在になる（すでにそうである）かもしれない」という可能性を拭い去れないからだ。

世界中を覆いつくしたこの〈無音〉の状況と、八月一日午後四時ちょうどから四分三三秒間演奏されたケージの無音の音楽とは——そしてそのあとに展開された、一部の曲を除き演奏者がほとんど音を発することのない演奏会全体が——、それゆえ真の意味で「地続き」といえるものだった。

ジョン・ケージが一九五二年に発表した《四分三三秒》は、いうまでもなく、演奏者が音を発しないというコンセプトでつくられた作品である。舞台に現れた音楽家がなにも音を出さずにいるあいだに、客どうしが囁《ささや》きあう声や、外を走る車の音や鳥のさえずりなどが聞こえたりする。川島は「日常に遍在する音に耳を向け、そこに新しい発見や気づかれざる美を見出す。ケージの意図は、むしろ、能動的にそこに鳴り響く音に耳を傾けること、だったわけです」[2]と解説する。

ケージのすでに「古典」ともいうべきこの作品の意図を知らぬ者は、こ

2　「無音4）ジョン・ケージ《4'33"》と休憩におけるサティ《家具の音楽》」（2020年7月30日公開）
†https://ameblo.jp/actionmusic/entry-12614356309.html
‡2021年8月20日閲覧

の日の客にはいなかったと思われる。客席に着席したわたしたちは、腕時計やスマホを見て時刻を確認するだろう。[3] 午後四時が経過してからは、周囲の物音に耳をすましはじめるにちがいない。そのときに多くの人が否応なく意識したのは、「共に在る」ということだったのではないか。

ケージがなぜ四分三三秒という時間の長さを、作品名として採用したのかについては、さまざまな説がある。秒数にすれば二七三秒だが、「絶対零度」とよばれるマイナス二七三度という温度から来ているのではないか、あるいは英文のタイプライターの配列で「4」と分をあらわす「'」、「3」と秒をあらわす「"」がそれぞれ同じキーだから、ともいわれている。[4]

いずれにしても、客は曲が始まったとき、「あと四分三三秒」ということを強く意識するだろう。最初は「三十秒経った」とか「一分経った」など時間の経過に意識が集中しているかもしれない。しかし、そのうちに――同じように時計を眺める他の客の姿を眺めたりもしているうちに(?)――、この作品に設定された唯一の指標であるこの四分三三秒という時間を共に体験している自分たち自身に意識が向かうのではないだろうか。

3　この演奏会では、紙のプログラムを配布することによる感染拡大のリスクを避けるため、演奏中も、川島が事前にウェブで発表した解説（注1に引いた演奏会開催予告に始まり、約1ヵ月にわたり、1曲ずつの詳細な解説が発表された）をスマホで参照することが推奨された。ちなみに、その後リアル演奏会が徐々に開催されるようになってからは、スマホの接触確認アプリ「COCOA」をつねに稼働させておくために、演奏会中もスマホの電源を付けておくことが主催者からもとめられるケースがふえている。もちろん川島の意図とは異なるが、これもまた、もともと非日常の時間を楽しむことを目的とする音楽会などの舞台興行に、日常の現実が浸潤してきたことのひとつのあらわれといえるだろう。

《四分三三秒》というタイトルは、この作品の本質をあらわすと同時に、この作品にとって絶対の〈外部〉としても機能する。その内側に共に在る、ほかならぬわたしたち自身が、じつは作品の〈内実〉といっていい。ソーシャル・ディスタンスを保ちステイ・ホームして、ウイルスが蔓延している（と同時に自分もまた感染を拡大させうる）外部の世界を遮断して逼《ひっ》塞《そく》してきたわたしたちと、四分三三秒という外壁のなかに共に在るわたしたちとが重なりあう。言い換えれば、ステイ・ホームしてきたわたしたちの時間が、このときはじめて認定され肯定されて〈作品〉として結実し、意味をあたえられたのである。

◇　◇　◇

ステイ・ホームしているあいだ、われわれがテレビやインターネットから繰り返し見せられたのは、パンデミックとシンクロするように世界中で激化した分断と対立の数々だった。たとえばアメリカと中国、アメリカとWHO、中国と台湾、中国と香港の民主派、北朝鮮と韓国、そして大混乱

4　佐々木敦『「4分33秒」論――「音楽」とは何か』（Pヴァイン、2014）を参照

ののち、ようやく帰趨の決したアメリカ大統領選挙――。そこに共通するのは、対立する相手の主体的判断や行為の誤りを激しく糾弾し、パンデミックをはじめとする現今のさまざまな問題の責任を相手に帰そうとする姿勢である。

そんななか、ちょうど日本で緊急事態宣言が解除された五月二五日、アメリカ中西部ミネアポリス近郊で、ひとりの黒人男性が警察官に射殺される事件が起こった。それをきっかけに、アメリカ全土に波及して巻き起こったのが、黒人への暴力や人種差別に反対する〈ブラック・ライヴズ・マター運動〉である。

この運動がニュースで取り上げられるようになったころ、「Black lives matter.」をどう日本語に訳すかが話題になった。[5] 単純に考えれば、black livesが主語（S）でmatterが動詞（V）の第一文型（SV）であるが、このmatterが日本語に訳しにくい。最近では「黒人の命も大切だ」という訳し方が一般的となってきたようだ。matterを「～は大切だ」と訳すのはまちがっていないと思うが、考えてしまうのは、なぜ「黒人の命は大切だ」ではなく「黒人の命も大切だ」と訳さないとふさわしいニュアンスが出な

5　以下は「matterをどう訳すか」という問題について、アメリカにおける黒人差別の歴史をふまえつつ、本稿よりもはるかに詳細かつ精緻に検討した素晴らしい記事である。
矢口祐人「“Black Lives Matter”どう日本語に訳すかという本質的な問い」（現代ビジネス、2020年6月18日配信）
†https://gendai.ismedia.jp/articles/-/73357
‡2021年8月20日閲覧

いのか、ということである。
matterという動詞を使った文例で、誰もがぱっと思い浮かぶのは、'It doesn't matter.（大したことじゃない）、とか 'What does it matter?（それがどうした＝かまうもんか）、だろう。否定形や疑問形で使われることが多い動詞なのである。ここから考えてみると、「黒人の命は大したことじゃない、なんてことはない」とか「黒人の命はかまわなくていい、とはいえない」と、「否定の否定」でないとそのニュアンスが出ない。このニュアンスをなんとか出そうとして編み出された苦肉の策が、「黒人の命も大切だ」という訳し方であろうか。

　報道側の言い分を推しはかるなら、「黒人の命は大切だ」というと、どうしても「他の人種よりも大切」というニュアンスになる。もともとmatterには「大切」というほどの積極的な意味はないから、そこを弱めるためにも、「（他の人種と同様）黒人の命も大切だ」と「も」によって（）内に補った意味を言外にもたせるのがいい——というところだろうか。

　だが、この「も」が問題なのである。「Black lives matter.」が主張されはじめたとき、「それをいうならAll lives matter. だろう」と混ぜかえす人もいて、それなら白人もヒスパニックもアジア系も先住民も入るからいいかも、と一瞬思うのだが、おそらくそれはまちがっているのだ。アメリカの歴史において、そもそも黒人の命が大切であったためしはなく、言ってしまえば“It doesn't matter.”“What does it matter?”と否定形・疑問形でしか語られないもののひとつだった。それをひっくり返して肯定形にしたところが「Black lives matter.」というスローガンの肝であり、「All lives matter.」などという、ポリティカル・コレクトネスに配慮して去勢されてしまったフレーズの出る幕ではないのだ。

もう少しお付き合いいただきたい。「Black lives matter.」の主語は上に見たようにblack livesである。「black Livesがmatterする」というSV構文であるが、だとしたら「matterするか、matterしないか」、つまり「大切か、大切でないか」を決める主体はblack livesなのであろうか。これは明らかに否、であろう。matterは「～という状態である」ということをあらわす動詞であり、なんらかの行為主体に付くものではなく、たんなる言表であるからだ。

なにをあたりまえのことを、と思われるかもしれない。しかし、「BLACK LIVES MATTER」と大書されたプラカードをもって行進する人々の姿と、二〇二〇年のアメリカ大統領選挙の開票中に繰り広げられた「STOP THE COUNT（票の集計を止めろ）」と「COUNT EVERY VOTE（すべての票を数えろ）」の対立[6]とは、同じような光景でありながら、根本において異なるものがある。

つまり、"Stop the count." にも "Count every vote." にも、いずれもstopあるいはcountさせるべき主体が想定されており、その主体の行為責任を問う訴えであるのに対し、"Black lives matter." はたんなる事態あるいは事実の言表であり、もちろんそこに警察当局、ひいてはアメリカ政府あるいは人種差別的な言動を容認するすべての人々への抗議という意味はこめられているとしても、それ以前に、あらゆる反論を寄せ付けないシンプルな事実確認であり、だからこそ、相手の行為責任を問う主張よりももっと深く、激烈なメッセージとなってアピールするのである。[7]

6　激戦州での集計において民主党が不正を働いているため郵便投票は無効だと主張する共和党と、郵便投票は正当なものであり最後の1票まで集計すべきだとする民主党の対立。

7　「matter」が訳しにくいことの根本的な理由は、この語が「It rains.」などと同じ中動態的な動詞だからであろう。意志と責任の主体を一体化し明確にすることを旨とする印欧語においては、能動態と受動態が残って中動態がほぼ失われたとされる。國分功一郎『中動態の世界――意志と責任の考古学』シリーズケアをひらく〔医学書院、2017〕を参照。

◇　◇　◇

世界中のコンサートホールから音楽の響きが消え失せ、そのかわりに、対立する相手の責任を問い、みずからの行為を正当化するようなことばが喧《かまびす》しく飛び交うなか、開催された「無音」演奏会。冒頭の《四分三三秒》をつうじて、聴衆のひとりとして、この時代に居合わせた人間のひとりとして感じていたのは、ただ〝音楽はmatterする〟ということだった。

パンデミックという事態を前に立ちすくみ、自分たちも知らぬうちに感染拡大の主体となって責任を負わされるという可能性を前に、ただ引きこもるしかなかったわたしたちが、それでもなお〝音楽をする〟ことの意味とはなにか。

主催者が徹底した感染防止対策をとり、来場者がそれに協力するのはとうぜんとしても、ただたんにパフォーマンスを提供する側と、それを享受する側という二項対立で考えるだけでは、万が一そこから感染が起こったとき、責任がどこにあるのかという追及がはじまるだけだろう。

そうではなく、パンデミックという事態、加えてそれが引き起こし拡大させつつある分断と対立の世界を前にして、主催者も来場者も責任を負う／負わされる主体としてではなく、そこに居合わせた「当事者」として〝共に在る〟ことの意味を考えてみたい。それを可能にするのは、音楽のもつ「肯定の力」でしかないのではないのか。[8]

Music matters.——人命や経済や学校教育は大切だ。それらとくらべてではなく、同じようにでもなく、ただシンプルに「音楽は大切」。そう言い切ることからはじめたいと思う。

8　本書〈05 音楽は肯定する〉も参照

語られざる言葉に　耳をすます

06 会議は長いほうがいい

二〇二〇年八月に始まった「音楽の本を入口に多様な音楽の楽しみを提案する」オンライントーク番組「日光ミュージックブックカフェ」[1]（制作：道の駅日光）は、おもに新刊の音楽書のなかから毎回一冊を選んで、その本の著者や関係者をゲストに、本の魅力や舞台裏などを語ってもらうプログラムだ。

いつもお世話になっているレコード・ディレクターの坂元勇仁さん[2]が「カフェのマスター」役をつとめている関係で、初回から「常連のゲンさん」としてレギュラー出演してきたが、二〇二一年三月をもって卒業。ヤマハミュージックエンタテインメントホールディングスの敏腕編集者、河西恵里さんがあとを引き継いでくださった。

ライヴ配信ではないので、毎月二回ぶんをいちどに収録する。編集を担当するのは

1　道の駅日光 日光街道ニコニコ本陣 YouTubeチャンネル
†https://www.youtube.com/channel/UCVTfCMdif-dxt-e_ijach_Q
‡2021年8月20日閲覧

城西国際大学メディア学部の学生たち（いわゆる産学協同だ）。編集が終わるとわれわれ出演者に非公開のURLが送られてくるので、それを視聴して、自分が間違ったことをしゃべっていないか、テロップなどの文言に誤りがないかなどを確認して、問題点をフィックスしたのちに公開となる。

収録のときにゲストの方々とお話しするのは楽しいのだが、この確認作業がじつはつらい。自分の喋りを聴くのが苦痛なのである。「なんでこんなにたどたどしいのか」、「言い間違えが多すぎるぞ」、「あー相手が喋ろうとしてるのに遮《さえぎ》るなよ、自分！」……などなど、黒歴史が一本一本とネット上に積み重なっていくのをなすすべもなく傍観しているような思いである。

最近になって、遅ればせながらYouTubeの動画を一・二五倍速／一・五倍速など早回しにして再生できることを知り、それを活用するようになった。すると、なんたること、わたしの喋りは一・五倍速にすると、ちょうど適度なスピードになるのである。もちろん言い間違いは変わらないが、言いよどんだり間合いが悪かったりするところは、これくらいのスピードであればスマートに聞こえる。確認作業をするときの精神的ストレスがかなり軽減した。もちろん、何の解決にもなっていないのであるが……。

しかし、言い訳をすれば、トークの最中の自分を振り返ってみると、じつはものす

2　前著『音楽が本になるとき』の注で「もとレコード・ディレクター」と紹介したところ、ご本人から「現役です！」と怒られたので、ここで訂正するものである。

ごい高速で頭は回転しているのである。本の内容を反芻《はんすう》しながら、ちょっとひねった質問をしてみようとか、相手のトークを受けて、話題の順番を入れ替えてみたり……喋りながらフル回転で考えているのである。さまざまなことばが頭の中に去来し、それらを取捨選択しながら、限られた時間内にいちおうの結論に着地させようと、わたしの脳は涙ぐましい努力をしているのである。そして、収録が終わったとたんに、「あー、あれ訊いとけばよかった」などと思い出すことも多々あって、とにかく後悔は尽きない。世の中でトークの達人といわれる人は、ほんとうにすごいなと思う反面、きっと彼ら彼女たちだってそれなりに後悔をしているにちがいないなどと思って、自分をなぐさめる。

　わたしのような拙いトークであっても、世の中に公開して人様に観てもらうためには、なんらかの結論、というかオチのようなものが必要であって、そこにもっていくために、脳裏に去来してもぐっと呑みこんだことばやフレーズは数知れず。そのぶんがたどたどしさや言いよどみとなり、結果、一・五倍の時間となって表れるのである。

◇　◇　◇

話は飛ぶが、東京五輪・パラリンピック組織委員会の会長が女性蔑視発言をしたとして批判され、辞任するということがあった。「女性がたくさん入っている会議は時間がかかる」という元会長の発言は、明らかにジェンダー的にアウトな発言であり容認できるものではない。ただ同時に、「会議は時間がかからないほうがいい」という、この人物が自明のこととして前提している価値観に疑問を呈する人がいなかったことが、少々気になった。

少し前の当連載で、「アルテスパブリッシングでは企画会議をしない」という話を書いたら[3]、おもに編集者の知り合い数人から「あれはよかった」と反応があった。あのときはマーケティングという考え方への批判という意味合いを強調したのだったが、なぜ会議をしないのかといえば、端的にいうなら、「会議ではものごとは決まらない」という思いがベースにある。「会議は結論を出す場ではない」と言い換えてもいいかもしれない。

アルテスといえど、まったく会議をしないわけではない。週に一度、定例の社内会議では、日々の業務の進行状況、喫緊の検討課題などを共有して、決めるべきことはその場で決める。だから会議は結論を出す場でもあるのだが、それはみんながその場にいたほうが周知が早いというだけのことであって、決めるのは基本的には会社の代

3 本書〈05章 音楽は肯定する〉を参照

表二人である。

　出版企画のように、その人の価値観や立場によって意見が異なるようなテーマについては、もし会議をするなら、かける時間は長ければ長いほどいい――といったら驚かれるだろうか。元会長氏が疑問の余地なく自明のことと考えていることに反して、意見は多ければ多いほうがいいのである。「じゃあ、どうやって決めるの？」と疑問に思う人もいるかもしれないが、それはやはり会議を主宰するものが責任をもって決断するしかない。

　私見では、会議とは結論を出す場ではなく、さまざまな意見を出し合う場であるべきだ。世代、ポジション、ジェンダー、価値観などを異にする者たちが、思うところを存分に述べ、それを記録に残す。結論の出し方はさまざまだろう。多数決のこともあれば、責任者が裁断することもある。多数が支持する意見があっても、責任者がそれをあえて採らず、別な結論を出すことだってあるだろう。

　「民主主義とは多数決のことだ」と短絡するものもいるが、真に民主的であることとは、どんなに小さな声であっても、他の声と同じ権利をもつものと認めてそれに耳をすますこと、そしてそれを後世の審判にゆだねることができるよう記録に残すことではないだろうか。決断にあたっては、あるときは多数の意見に反し、現実の要請にしたがって結論を出さざるをえない場合もあるだろうし、多数におもねって結果的に誤った決断をする可能性だってある。しかしどのような決定であっても、下された直後から当事者の誰もがそれに異をとなえる権利を有する。そうした意見の堆積が、ひとつのテーマに歴史性をあたえ、議論に奥行きをもたせるのである。

つまり民主主義とは、現在議論に参加する資格をもつ当事者にとって、最大多数の最大幸福を約束する考え方というだけでなく、これからそこに参加してくる未来の当事者にたいしても、いぜん議論が開かれてあり、いつでも話し合いをやり直すことができること――こんな言葉があるのかどうか知らないが、「歴史的公開議論主義」と言い換えられるような精神的態度を意味するのではないかと思うのである。

民主主義とは、書棚に並んだ本のようなものだ。書店に行って、棚に並んでいる本の背に記されたタイトルをながめる。歴史・経済・政治・文芸……さまざまなテーマにおいて積み重ねられた議論の歴史が一冊一冊の内容を形成し、それを手に取った読者の思考を触発して、そこから先にもさらなる言論史が展開していく――。わたしは民主主義について、そういうイメージをもっている。

話が拡がりすぎた。ようするに、「会議とはものごとを決める場ではない」ということが言いたかったのである。

くだんの問題発言をした人物も、その点についてだけは異論がないだろう。彼の属する世界においては、ものごとはどこか会議とは別の場所で決まる。事前に料亭のような密室に少人数が集まって方向性をかため、主要な出席者だけに根回ししたうえで会議を開催し、しゃんしゃんで決めるなどというのは、どこの会社でもおこなわれていることだ。そのルールにしたがうことが、この人物の言う「わきまえる」ということであろう。

組織というものが一つひとつの決断にもとづいて運営されていくものである以上、その決定のしかたが民主主義的であるかどうかは別として、テーマごとにいちいち結論を出していく必要がある。だからいかに効率的に、できることならば民主主義的な装いをまとわせながら、結論を出していく術を、組織運営者たちは編みだしてきた。その洗練のひとつの姿が、事前根回しとしゃんしゃん決議だろう。そして、最近そこに加わったのが議事録（公文書）を破棄したり改竄《かいざん》するというアクロバティックなテクニックなのかもしれない。

こうして残される議論の歴史は、必然的に、とても薄っぺらで内容のないものとなるだろう。当事者が「場をわきまえて」よけいな発言をせず、運営者が期待したとおりの結論がくだされ、しかも、あとで議論を振り返ろうにも記録そのものが残されていないのだから。これでは、未来の読者の思考や言論を誘発する〈本〉は生まれようがない。

決定は理想論に振りまわされず現実的にくだされるべきだとしても、やはり議論はなされなければならない。それもなるべく多くの世代から、立場から、視点から。そして議論は未来にも開かれていなければならない。そのすべてが、その議論に歴史的性格をあたえ、一冊の本のような作品に昇華させるアート（技術）なのである。

◇　◇　◇

中世後期のキリスト教会では、グレゴリオ聖歌がじょじょに整備されるとともに、もともとの短く限られた歌詞が引き延ばされ、メリスマとよばれる装飾的なこぶしをともなって歌われるようになると、そこにもとの歌詞を補足説明する歌詞を歌う新たな声部を加えて、同時に歌うことがおこなわれるようになった。これをトロープスという。その後それに平行して別の音程で歌う声部が加わっていき（オルガヌム）、その後のポリフォニーの発展につながっていく。シンプルな旋律や歌詞を装飾・変奏し、さらには多声化して豊かにしたいという、修道士たちの自然な音楽的欲求が原動力となっておこなわれたものであろう。

しかしその後、十六世紀の半ば、プロテスタントによる宗教改革を受けて、カトリック教会の自己刷新（対抗宗教改革）について討議したことで有名なトリエント公会議において、トロープスは一部の聖歌をのぞいて禁止されることになる。もともとカトリック教会の内部改革を呼びかけたマルティン・ルターほかのプロテスタントが、けっきょくは教会から排除されていくことと、このトロープスの禁止に象徴される聖歌の正統性を守ろうとする姿勢は、いずれも真理を一元的なものととらえ、純血主義的な団結をめざしたカトリック教会のホモソーシャルな姿勢をあらわしている。

ただ、歴史を俯瞰的にながめてみれば、ルターをはじめとするプロテスタント指導者たちがそれぞれ独自の教会をつくり、多様な視点から神の真理を説くようになったことは、結果的にキリスト教の教えに豊かさと奥行きとをあたえてはいないだろうか。単旋律聖歌がトロープスを生みポリフォニーに発展して、公会議での統制をものともせず花開き、現在にいたる芸術音楽の豊饒な歴史をかたちづくっていく歩みもまた、多様性こそが人間の本性であり、歴史がそれをアートへと醸成するのだということを教えてくれる。

◇　◇　◇

編集をへて公開された自分のトークを、こんどは早回しにせずに聴いてみる。あいかわらずつっかえつっかえのたどたどしい喋りに頭をかかえる。番組の尺に配慮して言いかけたことばを呑みこんだりするのは、会議の席で「場をわきまえて」発言しないでいることと同じだろうか——詮ない思いをめぐらせる。言いよどんで一・五倍に間延びしたトークがはらむ、語られざることばたちを、内なるトロープスとして脳裏に響かせながら。

07 音楽のリハビリテーション

以前の職場の上司にMさんという人がいた。ジャズをこよなく愛し、ジャズ本の編集者といえばまっさきに名前が上がるような有能な人だったが、あるとき脳梗塞で倒れ、長期入院した。それまではわたしの所属する出版部の部長をしていたが、復帰後は、かたちのうえでは出版部長と著作権課長を兼務しつつも、席は著作権課に置き、出版部長としては管理・決裁に専念して、自分で編集を担当することはなくなった。

病に倒れるまではどちらかといえば大人しく、暇さえあれば洋書を読んでいるような寡黙な人だったが、復帰してから人格が一変した。とにかく部下の提案や要求をことごとく理詰めで論破し、失敗をあげつらい、完膚なきまでにやりこめる、激しく苛烈な性格になってしまったのだ。こちらも三十代の意気盛んな年頃で、それなりにヒット作も手がけて鼻息の荒いころだったから、彼の木を見て森を見ない（と、そのころのわたしには思えた）決定に納得がいかず、四階の出版部から三階の著作権課に降りていっては、罵《のの》り合いに近い論戦を繰りひろげることもあった。

ある年の仕事納めの日、お酒や料理をもちよっての納会の席でMさんと話す機会があった。毎日のように喧嘩しているからといって、憎み合っていたわけではない。もともとジャズやアメリカの文化全般に広範な知識をもつ彼を尊敬していたので、ひさしぶりに上機嫌でグラスを重ねているところに行って、音楽の話などしてみようと思ったのだったか。

「最近はどんな音楽を聴いているんですか」――何の気なしにした質問だったが、意外なことばが返ってきた。「退院後は音楽が聴けなくなっちゃってね」。どういうことですか、と問うと、こんなことを語ってくれた。病気で倒れたあと、音楽を聴きたいという気持ちがあまり起こらない。それだけでなく、音楽を聴いてもそれが音楽に聞こえない。耳が悪くなったわけではないのに、昔だったら大好きだったジャズを聴いても、たんにうるさい騒音にしか聞こえないんだ、と。

いまはオルゴールを聴いてリハビリしているんだよ、とせめてものユーモアにくるんだ告白に胸が痛んだが、思いあたるところもあった。父・木村敏の著書にたびたび登場する離人症患者の症状に、Mさんの症状は似ているような気がしたのである。

自分というものがなくなってしまった。なにをしても、自分がしているという感じがない。感情というものがいっさいなくなって、嬉しくも悲しくもない。からだも別の人のからだをつけて歩いているみたい。物や景色を見ていると、自分がそれを見ているのでなく、物のほうが目のなかへ飛び込んできて私を奪ってしまう。音楽を聞いても音が耳の中へ入り込んでくるだけで、なんの内容も意味もない。時間の流れもひどくおかしい。時間がばらばらになってしまって先へ進んで行かない。つながりのない無数のいまが、いま、いま、いま、いまと無茶苦茶出てくるだけ。自分というものも時間といっしょで、瞬間ごとに違った自分が、なんの規則もなくてんでばらばらに出ては消えてしまい、なんのつながりもない。空間の見え方もとてもおかしい。奥行きとか、遠さ、近さとかがなくなって、なにもかもひとつの平面に並んでいる。鉄のものを見ても重そうな感じがしないし、紙切れを見ても軽そうだと思わない。とにかく、ものがそこにあるということがわからない。[1]

これは木村が精神科医としてのキャリアの初期に出会った、ある「典型的な」離人症患者のことばである。

1　木村敏『精神医学から臨床哲学へ』〔ミネルヴァ書房、2010〕pp.85–86

「音楽を聞いても音が耳の中へ入り込んでくるだけで、なんの内容も意味もない」というのは、Mさんのいう「音楽が騒音にしか聞こえない」という事態と同じような状態だろう。また興味深いのは、そのすぐあとに語られる「時間がばらばらになってしまって先へ進んで行かない。つながりのない無数のいまが、いま、いま、いま、いまと無茶苦茶出てくるだけ。自分というものも時間といっしょで、瞬間ごとに違った自分が、なんの規則もなくてんでばらばらに出ては消えてしまい、なんのつながりもない」ということばである。

この患者は時計を見て、いま何時か、ある特定の時刻から何時間経過したのか、ということは正確に理解できるのだが、それが生きた実感として感じられない。誰もが経験することだが、「子供の頃はいくらでも時間があるように感じていたが、大人になるとどんどん時間が経ってしまって焦る」などというとき、わたしたちは生き生きとした実感としての時間のことを言っているのである。

時間を生き生きと実感するというとき、それが時計のチクタクという刻みでないとしたら、わたしたちはいったい何を感じているのだろうか。それは過去と現在をつなぎ、未来へと向かうような感覚であり、あらためて意識することもない自然で自明な感覚だろう。木村によれば、それこそが〈自己〉の根拠となっている。

自己とは、なんらかの実体をもたず、「モノ」というよりも「コト」としか呼びようのない一種の作用である。モノではないから対象として捉えることができないが、あるときは生き生きと実感された時間として、あるときは心地よいメロディーの連なりとして立ち現れる。離人症というのは、この自己の立ち現れの作用がなんらかの原因で阻害された状態なのではないか。この患者が冒頭に、「自分というものがなくなってしまった。なにをしても、自分がしているという感じがない」と述べているのは、まさにこの自己の不全感を示している。

「つながりのない無数のいまが、いま、いま、いま、いまと無茶苦茶出てくるだけ」ということと、「音楽を聞いても音が耳の中へ入り込んでくるだけで、なんの内容も意味もない」ということとの相応関係。Mさんが脳梗塞の発症後、「音楽がわからなくなった」ことと、非人間的なまでに理屈で相手を追いつめるようになった性格の変化には、なんらかのつながりがあるのではないか。脳梗塞によって脳のある特定の部位が損傷し、彼の自己——人間らしい生き生きとした実感——がうまく発現できなくなっていたのではないだろうか。

◇　◇　◇

離人症という語でよばずとも、こんな経験なら誰もが思いあたるだろう。表れ方は人それぞれだが、たとえばわたしの場合、酒宴の席上でとつぜん酔いが醒《さ》め、自分が周囲と切り離されて強烈な孤独を感じ、酔って騒いでいる人たちがこのうえなく醜悪に感じられることがある。また、子供のころは、草野球で外野を守っているときに、急に自分がいま何をやっているのか、遠くホームベース近くでおこなわれていることと自分の存在との関係が断ち切られ、大げさにいえば自分がこの世界に存在しないような気持ちになることがよくあった。よく知っているはずの文字を何度も書いているうちに、意味がわからなくなってくる「ゲシュタルト崩壊」も似たような感覚だ。

離人症は別名「現実感喪失症 *derealization*」ともいうが、木村はこの語に含まれる‘real’という言葉が指し示すリアリティと、離人症によって喪《うしな》われる「現実」とは異なるものだと指摘する。

たとえばこの患者〔前述の離人症患者〕の場合、時間の流れの現実感はすっかり失っているのに、時計を見ていま何時ということはけっして間違えなかったし、ものがそこにあることがわからないと言いながら、ものにぶつかったりするようなことはなく、リアリティは完全に保たれていた。だから私は、われわれが生きている現実は、リアリティとは別の意

味での、それとは違った生き生きした現実感を伴っていて、この別種の「現実感」が離人症で失われるのだろうと考えた。[2]

この〝生き生きとした現実感〟を、のちに木村はリアリティと対比させて「アクチュアリティ」という言葉でよぶようになる。

◇　◇　◇

リアリティとは、ある意味、統計的な偶然といってもいい。自分がこの親の子として生まれたこと。学校を卒業し、出版社に就職したこと。ある特定の女性と結婚し、子どもをなして家族をもったこと。さっきまで音楽を聴いていたこと。いまは料理を味わっていること。ここで息をして、「自分」として生きていること――。

ある統合失調症病患者は、「ある確率ですべてが可能なのに、いまここにいる私としては一つに決まっているのが不思議」[3]と語る。自分が他人でなく、まぎれもなく自分であるということは、ひとたび自己というアクチュアリティを感じられなくなったとたんに、魔法が解けるように喪われる儚《はかな》い感覚なのである。

2　木村敏、前掲書、p.87

3　同書、p.248

われわれはそのリアリティから目を背けているだけなのではないのか。公園のベンチに座ってマロニエの木の根を見たとき、激しい吐き気に襲われたのは、サルトル『嘔吐』の主人公アントワーヌ・ロカンタンだったが、むき出しの「存在」は直視に耐えられないほどグロテスクなものだ。だから人は、音楽や時間や自己という魔法をつくりだし、この世界に意味をあたえて自分を安心させるのである。

脳梗塞で音楽がわからなくなったMさんや、父が出会った離人症や統合失調症を患う人々は、「ほんとうのこと」を語っているだけではないのか。この世界が意味ある全体だというストーリーを信じ込んでいるわれわれのほうが、異常なのではないか。

じじつ、西洋音楽をはじめて聴いた非西洋文化圏の人々はそれらを「音楽」として認識できなかったといわれるし、自己というものを極端に肥大化させたロマン主義の精神じたい西洋の近代化の産物だと喝破するカルチュラル・スタディーズ的思考が学界を席捲して久しい。事物に中心を認めず、ヘゲモニーを無視して、世界をフラットなものとみる価値観が社会を覆い始めている。新自由主義、リバタリアニズム、アナキズム……世界全体は離人症的、統合失調症的傾向を示しはじめているといってもいいかもしれない。

アクチュアリティが剥ぎ取られ、むき出しのリアリティに覆われたこの世界で、音楽の美しさや〝自分の生きる意味〟は、完全に喪われてしまったのだろうか。

◇　◇　◇

西洋音楽の歴史のなかでも、二十世紀になって登場した十二音技法は、従来の機能和声において各音にあたえられた役割やヘゲモニーを解除して、オクターヴを構成する十二の半音すべてを等価値に扱う作曲法である。抽象絵画もそうだが、ロマン主義的な自己の肥大化や、教会や帝国を頂点とする伝統的倫理観への疑問が、このような脱中心的な芸術潮流を生んだことは疑いがない（フロイトやユングによる無意識の発見、近代的精神医学の発展が、やはりこの時期になされていることも、無関係とはいえないだろう）。

十二音技法を創始したのはシェーンベルクとされるが、その技法を純粋に受け継ぎ、発展させたのは弟子のウェーベルンである。彼は統合失調症的気質の持ち主であったとされるが、[4]たしかに、なんの機能性ももたず、どこに向かうでもなく、飾り気のない真っ白な空間にオブジェのように置かれた一音一音を聴くことは、一貫性のあるストーリーをもったそれまでの音楽を聴くのとは、まったく別種の体験である。

4　阪上正巳『精神の病いと音楽』〔廣済堂出版、2003〕を参照

音と音との関係性が生み出す音楽の愉しみ――流れるようなメロディの心地よさ、豊麗なハーモニーに包み込まれる快感――とは無縁の音楽だが、ひとつひとつの音に集中し傾聴することで、聴く者もみずからの存在の根底に耳をすましているかのような意識をもつ。〝むき出しのリアルな存在〟としての自己の、さらに奥底へと向かうような聴体験。表面的な美しさとはまったく異なるものだが、芸術の美というものが、受け手の存在を根源的に揺り動かし、更新してしまう力をもつものだとすれば、これもまた――否、これこそが――「美」と表現してよいひとつの芸術的達成といってよいだろう。

キリスト教的価値観や王侯貴族の権威が崩れ去り、ロマンティックな自己がグロテスクに膨れ上がったあげくに破裂し萎《しぼ》んでいった時代。ばらばらになってしまったリアリティのひとつひとつに耳をすまし、その奥底にかすかに響くアクチュアリティのこだまを掬《すく》いとろうとしたウェーベルンにとって、作曲とは、意味を喪ってしまった世界にかろうじて自己をつなぎとめる命綱のようないとなみであったことだろう。

◇　◇　◇

木村敏は『人と人との間』[5]、『あいだ』[6]、『関係としての自己』[7]といった著作のタイトルにも表れているとおり、精神病理を「関係の病」としてとらえ、自己やそのあらわれとしての時間が根拠をおく場を「あいだ」とよんだ。「あいだ」とは、人と人との関係性でもあれば、音と音との関係性でもあり、自分と世界との関係性でもあり、ふつうは意識にのぼることもない「自明なもの」であるが、その自明性の喪失こそが精神の病である。

木村の精神病理学は徐々に飛躍をとげ、その後、われわれひとりひとりが現実にいとなんでいる生命と、その個々の生命を根拠づける「大文字の生命」との関係性を論じる生命論を展開するにいたる。

音楽でいえば、音と音との関係性を極限までシステム化した機能和声の時代が過ぎ去り、十二音技法や無調音楽、偶然性の音楽など、さまざまに革新的な音楽語法が現れるにいたったいま、もはや音楽の本質をたんに音と音との関係性にもとめることはできない。

では、音楽の本質、そのアクチュアリティはどこにあるのか。人間の生命の奥底に、そのひとつひとつに根拠をあたえ、アクチュアリティをあたえる「大文字の生命」があるとすれば、音楽を構成する一音一音の奥にも、それぞれの音を根拠づけ、その存

5　弘文堂、1972

6　弘文堂、1988／ちくま学芸文庫、2005

7　みすず書房、2005

在に必然性をあたえる何か——生き生きとした実感とよぶほかないもの——があるのではないか。もともとそこから音楽が発したはずなのに、音楽語法の複雑化にともない、表面的な関係性がもたらす快楽に座をうばわれて、真剣に追求されることの少なかった音の根源的なアクチュアリティを、あらためて主題化し取り戻すという意図が、十二音技法をはじめとする現代のさまざまな音楽語法にはこめられていると考えてみたらどうだろうか。

そう考えたとき、一音一音の奥にかすかに響くアクチュアリティに耳をすましながら、それを五線紙に書きつけていくウェーベルンの姿が、わたしには、オルゴールを聴いてリハビリをするMさん[8]の姿と二重写しになって見えてくる。二十世紀に生まれたさまざまな前衛的な音楽語法は、グロテスクなリアリティに覆われ、生きている実感をうばわれた現代人に、ひとつひとつの音をとおして、根源的な生命のアクチュアリティを取り戻させるための一種のリハビリテーションだったのかもしれない。

8　Mさんはその数年後にふたたび発作を起こして倒れ、帰らぬ人となった。

08 好みと価値判断

大学受験の勉強をしていたころ、勉強机の上にはいつもＡＫＡＩのポータブル・カセット・テレコを置き、デスクの上に乗せても邪魔にならないくらいの小さなスピーカーをつないで音楽を聴いていた。

かけるのは決まって、ヘンデルのリコーダー・ソナタ集。ドイツの木管奏者ハンス＝マルティン・リンデがリコーダーを吹いていたが、そのほかの演奏家の名前は忘れてしまった。父のＬＰコレクションの一枚だったが、どうして聴くようになったのか思い出せない。父が聴いていたのを気に入って録音させてもらったのだと思う。

ＬＰ一枚なので四六分のテープに収まるくらいのものだったが、それをオート・リヴァースでえんえん繰り返して聴きながら、真夜中まで机に向かった。受験本番で東京のホテルにひとりで泊まったときも、お守りのようにそのテレコとスピーカーをもっていき、ヘンデルを聴きながら最後の追い込みをした。

大学三年か四年のころに、世の中ではCDというものが流行りはじめているらしいと聞き、無理をしてマランツのCDプレーヤーを手に入れた。最初に買った数枚のうちのひとつが、ヘンデルのリコーダー・ソナタだった。残念ながらリンデのCDは出ていなかったので、フランス・ブリュッヘンというはじめて聞く名前の音楽家のものにした。二枚組の全集だった。

このCDを聴いて、たいへんな衝撃をうけた。それまで、バロック音楽というものは自分にとって、穏やかで一定のペースを崩すことのない安心感にあふれたものだった。だからこそ、毎日毎日判を捺したように、淡々と進めていかなければならない受験勉強のペースメーカーとして最適だったのだ。ところが、このブリュッヘンというオランダのリコーダー奏者ときたら、リンデの端正な演奏とちがって息づかいも荒々しく、慣れ親しんだ旋律やリズムも変態的といっていいほどに崩して演奏する。数分聴いて「これじゃない」とがっかりした。しかしせっかくのCD、それも奮発して買った二枚組だ（たしか五〇〇〇円以上した）。そのほかに買った何枚かのCDの合間に、がまんして聴きつづけた。

そのうちに、なんとなくブリュッヘンのノリとでもいえるようなものが感じられるようになってきた。チェンバロやチェロとの掛け合いの間《ま》のとり方にもハッとさせられて、バロック音楽というもののイメージが自分のなかでだんだん変化してきたのがわかった。

大学時代はグリークラブでのコーラスと学外で組んでいたバンドの活動に明け暮れていたから、いわゆるクラシック音楽はそれほど聴いていない。とくに好んで聴いていたのはジャズだった。ビル・エヴァンズのリヴァーサイド時代の録音を、アウトテイクなども含めて十八枚のLPに収録したボックスセット[1]を手に入れて、毎日一枚ずつ聴くというようなオタッキーなこともやっていた。

そのビル・エヴァンズの演奏するジャズと、ブリュッヘンのバロック音楽が、自分のなかではカテゴリーとして一致したのである。いずれも編成がトリオだった——ビル・エヴァンズはピアノとベースとドラムズ、ブリュッヘンのほうはリコーダーとチェンバロとチェロ——ということも、共通点を強く感じさせたのだと思う。ビル・エヴァンズの音楽を評するときに人のいう「インタープレイ」ということばが、ブリュッヘンにも通ずるように思えた。

ここから、「古楽」の世界にのめりこむようになったのはきわめて自然ななりゆきだ

1　『ビル・エヴァンズ／コンプリート・リヴァーサイド・レコーディングズ』〔18LP、ビクター、1985〕

った。燕尾服を着てかしこまったクラシック音楽のイメージとちがって、自分のやっていたバンド活動と同じように、ジーンズにＴシャツの若者が仲間との丁々発止のやりとりを繰りひろげているような自由さが感じられ、自然に入っていける世界だったのだ。

ただ、そんなふうに聴く音楽が少しずつ変わっていっても、ひとりでリラックスしているときに、たまに聴きたくなるのが、リンデのヘンデルの入ったカセットだった。ブリュッヘンを知ってしまったあとに聴くと、いかにも生ぬるく、お坊ちゃん然として物足りない演奏かもしれないけれども、その端正さやピュアさが、自分の音楽嗜好の根幹にあることだけはたしかだった。

いまから考えると、わたしのなかで音楽の〈好み〉と〈価値判断〉とが分離しはじめたのは、このころかもしれない。

リンデのヘンデルは、わたしにとって薬のような、あるいは家具のようなものだった。リンデとヘンデルはわかちがたく結びついていて、それ以外の組み合わせは考えられなかったし、さらにいえば、ＡＫＡＩのテレコや卓上スピーカーやカセット・テープとも、切り離すことのできないものだった。第一義的にそれは受験勉強のための

2　姉は大学時代、「サウンドファミリー」というカシオペアのファンクラブに所属していて、会員番号が10番台だというのをことあるごとに自慢するのだった。

ものであり、受験が終わったのちは、ひとりでくつろいでいるときに、ほかのどんな場所よりもリラックスできるソファのような存在になっていた。逆にいえば、外の世界とはなにひとつかかわりをもたず、またそれ以上の発展性ももたないものとして、リンデのヘンデルは存在していた。

もちろんリンデだけでなく、わたしにとっての洋楽事始めであるジョン・デンヴァー、亡くなった姉が好きだったカシオペア、[2] 友達の家族に連れていってもらったチューリップの野外ライヴ、[3] 母と行ったミシェル・ポルナレフのコンサート[4]——それぞれが、独立した体験として、わたしのなかにいまも残る強烈な痕跡を残している。

それらに対して、わたしの前に忽然と現れたブリュッヘンの音楽は、最初はとてつもない違和感として、そののちに「古楽」という世界への入口として、あるいはジャズやバンド活動とも共通項をもつものとして、わたしの内部にその存在感をどんどん大きくしていき、それとシンクロするようにして、それまで〈好み〉の世界から出ることのなかったわたしの音楽へのかかわりじたいも、大きく外の世界へと拡がっていくことになったのだった。

外の世界とは、つまり〈価値〉の世界である。自分の好みにはあわなくても、この音楽には価値がある。あるいは、いまは聴いてもわからないけれども、いつかはわか

3　この記憶がもっとも古くて、小学5、6年ころ。友人が毎夏、家族旅行で行っていた嬬恋村はフォークの聖地でもあり、さまざまなアーティストが野外ライヴをおこなっていた。音楽を聴きに行くといえばクラシックだったわが家とはまったく違っていて、ある種のカルチャーショックを受けた。

4　これは中学に入ってから。はじめての外タレのコンサートだった。ミシェル・ポルナレフを聴くようになったのも姉の影響。小学校低学年で始めたピアノは長続きしなかったが、姉が持っていたポルナレフやビートルズのピアノ用楽譜を暇つぶしに弾いていたので、その後バンド活動をするうえで役に立った。

るようになるかもしれない。また、自分にとっては価値があると思えなくても、この音楽に価値を見いだす人もいるにちがいない――。価値判断とはそうした多様性の認識を前提とするものである。

地方から東京の大学に進学し、ひとり暮らしを始めた自分にとって、自分の外に点在するさまざまな音楽を、自分の価値判断におうじてマッピングしていくことは、はじめて利用する地下鉄の路線やはじめて訪ねた土地を、大きな地図の上で同定しながら認識していくこととまさにパラレルな作業であり、特定の対象に貼り付いて発展性をもたない〈好み〉から離れて、音楽という〈外界〉に繰り出し、自分が見つけた道をどこまでも歩いていくような〈旅〉が始まったことを意味していたのである。

自分のなかにいまも痕跡を残すひとつひとつの音楽体験にこだわって、たとえばジョン・デンヴァーやミシェル・ポルナレフの録音をコンプリートするとか、チューリップやカシオペアのライヴに誰よりも多く足を運ぶといったいわゆるマニア的な進路も、可能性としてはあったにちがいない。もしかしたら、それはあんがい楽しく幸福な音楽生活だっただろう。

そのマニア的なあり方を否定するつもりは毛頭ないのだが、自分にとっては、そうした特定の対象に拘泥して、自分の好みを追求することは、なにか違うという気がしたのだ。音楽を聴くということは、もちろん特定の対象があってはじめて成立する体験なのだが、そこからインスパイアされる価値判断にしたがって歩を進め、その道すじを確かめていくことが、自分の行き方（生き方）だと思ってしまったのである。

〈好み〉というのはひとつの感情である。わたしにとって音楽というものは、感情を向ける対象ではなくなった。あるいは、感情で音楽を聴くことはやめようと思った、というところだろうか。

大げさな言葉づかいを許してもらうなら、それはわたしにとって、「倫理的転回」といっていいくらいの感覚だった。

◇　◇　◇

いったん音楽から離れて、二〇一九年七月に三十人以上の犠牲者を出した京都アニメーション放火事件の話をしてみたい。衝撃的な事件だったから、犯人のパーソナリティや事件の背景についてさまざまな言説がなされたが、そのなかでウェブマガジン「現代ビジネス」に掲載された御田寺圭による論考が心にとまった。[5]

5　御田寺圭「回復した京アニ放火容疑者は、なぜ「優しさ」についてまず語ったのか」、現代ビジネス、2019年11月18日配信
†https://gendai.ismedia.jp/articles/-/68498
‡2021年8月21日閲覧

御田寺は、みずからも火災による重傷を負った犯人が、治療にあたった医療スタッフにたいして「人からこんなに優しくしてもらったことは、今までなかった」と感謝の言葉を伝えた、というエピソードにフォーカスしてこのように述べる。

> 人の「やさしさ」は無限に湧き出すものではない。有限のリソースである。また、個々人がそれぞれに持つ「やさしさ」は、この社会ではだれに手渡すかを自由に決めてよいことになっている。分け与える対象を第三者に強制的に決定されるようなことはない。その結果として、多くの人から「やさしさ」をたくさん集められる人と、だれからも「やさしさ」を与えてもらえない人へと、ゆるやかに二極化していく。私たちは、自らが持つ有限の「やさしさ」をだれに配るべきか、つねづね慎重に見定めている。私たちは「やさしさ」を道行く人へ適当に与えたりしない。自分の「やさしさ」を、もっとも喜んでくれる人に与えたいし、もっとも見返りが大きそうな人に与えたいと考える。私たちは「やさしさ」を一種の貨幣のように扱っている。[6]

つまり、やさしさというものはある特定の対象にあたえられるものであり、逆にいえば、それ以外の対象にたいしては、「やさしさをあたえない」という判断が、ひとつ

6　同前

の〈価値判断〉として下されるということだ。身もふたもないけれども、実感として説得力はある。

われわれはたとえば自分の家族に向ける愛情と、その他の人々に向けるそれとを、ふつう区別するものだ。肉親にたいする愛情は無条件であり、それ以外の人にたいしては、自分との関係性や利害などによって（多くの場合は無意識に）濃淡をつけている。

おそらく、容疑者は肉親や近しい人びとからそのような愛情を向けられることがなかった、あるいは向けられていてもそれを自覚できないまま、それまでの人生を生きてきた。だから、事件の真相解明のためとはいえ、自分ひとりに向けられた医療スタッフの献身をやさしさと受けとめ、素直に感動したのだろう。

だが、ほんとうにやさしさとは、「無限に湧き出すもの」でなく「有限のリソース」なのだろうか。

たしかに、特定の対象にたいして向けられる愛情には、濃淡があるだろう。だが、なんら対象をもたないやさしさというものもあるのではないだろうか。言い方を換えれば、やさしさとはほんらい「あたえる／あたえられる」というかたちで存在するものではなく、「やさしくある」という自足したかたちで存在するものなのではないか。

御田寺はこうも述べている。

容疑者は、アニメで描かれた「この世のどこかには掛け値なしのやさしさがある」というメッセージに勇気づけられたり、元気づけられたり、励まされたりはしなかったのではないだろうか。架空の存在が「やさしさ」を交換しあっている姿ですら、自分のみじめさを相対的に浮き彫りにするものであるかのように感じたのではないだろうか。それほど容疑者は「やさしさ」に飢えていたし、「やさしさの与えられない自分」に苦しんでいたのかもしれない。人は「やさしさの不在」ではなく「やさしさの偏在」によって深く傷つく。時として「やさしさ」が自分に与えられないことを恨む。[7]

容疑者はやさしさを、なんらかの対象を必要とする他動詞的なものとしてしかとらえられなかった。アニメにおいて描かれる「掛け値なしのやさしさ」を、「つねに誰にたいしても同じようにやさしさをあたえること」として受け止めるか、「対象にかかわらず、つねにやさしくあること」として認識するかは、同じようでいてじつはまったく異なることである。前者においては、「その掛け値なしのやさしさからも除外されている自分」という意識が顕在化するが（「やさしさの不在」「やさしさの偏在」）、後者においては、みずからも発信源になりうる自動詞的な意識が前景化する。

幼児は親の愛情が他のきょうだいに向けられているとき、それを奪い返そうとする。

7　同前

親の愛情というものが、自分たちひとりひとりを対象とする「有限のリソース」だという意識があるからだろう。ただ、多くの場合、長じるにしたがって、親の愛情が増えたり減ったりするものでないことに気づき、みずからも対象にかかわらず「やさしくある」ことをおぼえていく。

この人は好き、この人は嫌いと対象によって濃淡を意識しながら、人は他者を愛しやさしさを向ける。その濃淡のついた感情は、じつは愛ややさしさというよりも、〈好み〉といったほうがいいものである。しかし成長とともに、対象のいかんにかかわらず、みずから「愛情深くある」「やさしくある」という態度を身につけて、〈おとな〉になっていくのである。

もちろん、自分の子どもはいつまでたっても他人の子どもよりもかわいいものだ。ただ、自分の子どもにたいしても他人の子どもにたいしても、同じように「やさしくある」ことは可能だ。前代未聞の残虐な犯罪の容疑に問われている人物に、医療スタッフが無私の献身を示すことができるように。

◇　◇　◇

受験勉強をしながらリンデのヘンデルを聴いていた時期から、ブリュッヘンとの衝撃的な出会いをへて、長く遠く音楽の旅を続けてきたあいだに、わたしの価値観はいくつもの変遷をともないながら、ずいぶん変化してきた。でも、「あのときのリンデ」は変わらない。ある一時期ともに過ごし濃密な関係を築いた同級生のようなもので、それはいつまでもわたしの音楽体験の根っこにあって揺らぐことはない。リンデのヘンデルを聴くとき、わたしの心のなかに〈価値判断〉は生じないのである。

前述したとおり、〈好み〉は感情である。感情とは特定の対象に向けられるものであり、それを意識的にコントロールするのはむずかしい。対象から感情を引き剥がすことはできないのである。

感情《passion》は受動的《passiv》なものだが、対して価値判断は自発的なものである。自分が対象のなかに価値を探り出し、それを他の対象とも照らし合わせ、結びつけ、新たな価値体系にマッピングしていくこと——それはきわめて積極的ないとなみだ。参照されるひとつひとつの対象には好悪の感情が避けがたく染みついているが、価値体系のマッピングは純粋に内省的で理性的な行為だから、対象への感情とはほんらいかかわりのないものだ。

ある特定の音楽が気に入れば、それについてより詳しく知りたいという気持ちが自然に起こるだろう。ただそのときに、その音楽そのものに拘泥することなく、それがおのずから触発する方向性や道筋を肯定し、それにしたがって歩みだすこと。それはその音楽が内に胚胎する可能性を現実に花開かせるという意味で、ひとつの「倫理的」といってもいい営為になりうるのではないだろうか。

逆にいえば、そのようにしか、わたしたちはものごとに価値判断をくだすことができない。〈好み〉は対象に向けてもいい、しかし〈価値判断〉はともに歩むことによってしか下すことのできないものなのだ。愛情ややさしさを対象に向けるのではなく、その対象に寄り添いつつも、みずから愛情深く、やさしくあるという姿勢で示すべきであるのと同じように。

09 作品の偶然と出会いの必然と

演奏会に行って、当日のプログラムに自分の聴いたことのない作品があったとき、人はまずどんなことを感じるだろうか。

それがよく知られた作曲家のものであれば、その他の作品を思い浮かべる。あるいはタイトルが喚起する作品のイメージを心に思い描く。演奏家の顔ぶれや楽器編成からサウンドの雰囲気を予感する。ただ、それらはあくまでも想像にすぎない。

未聴の音楽を前にして、わたしたちが受け取ることのできる確実な情報といえば、その作品の演奏にどれくらいの時間を要するか、ということである。

パンフレットにあらかじめ「〇分〇秒」などと推定される所要時間が記載されている場合もある。[1] 時間が記載されていなくても、予想される演奏会全体の長さから、他

1　アルテスが編集を請け負っているNHK交響楽団のパンフレットでは、世界初演の現代作品であっても、おおよその時間を記載している。

の既知の作品の演奏時間を差し引いてみたり、コンサートに行き慣れた人であれば、プログラム構成などから、それが軽い（短い）作品なのか、重い（長い）作品なのかを想像したりするだろう。もちろんライヴだから、精確な所要時間はあらかじめわからないとしても、だいたいの大きさ、重さをイメージしてから、聴き手は最初の音が鳴りはじめるのを待つ。

書店で自分が読んだことのない本を見たときも、同じかもしれない。作者やタイトル、帯に書かれた惹句などから、だいたいの内容、雰囲気は推測できる。しかし、読むまえにあたえられている確実な情報は、その本の重さ、ページ数、そして価格だ。わたしは、その本を手に取って、読むことと引き換えに差し出すことになるであろう自分の――大げさにいえば人生の――時間を推しはかり、そしてその重量や価格から期待される読書体験の密度がそれに見合ったものであると判断すれば、その本をレジに持っていくだろう。

もう少し本の話を続ける。その本を前にしたわたしは、読みはじめると同時に、〈読み終わり〉を意識しはじめる。ページを繰れば繰るほど、残りページは少なくなっていく。単純な引き算だ。それと同時に、自分がその読書体験に充てることを決めた「人生の時間」も、だんだん少なくなっていく。だから、面白い本であればあるほど、人はその時間がなるべく長く続くように、惜しみながらページをめくる。でも、非情にも「読了」の時はかならずやってくる。

話を先走りすぎた。演奏会に戻る。未聴の作品の演奏が始まるやいなや、やはり〈終わり〉が意識されるだろう。つまらない作品だったりしたら、「あと何分かかるのかな」などと腕時計をちらちら見たりするかもしれない。至福の聴体験をあたえてくれるような曲だったら、本のようにその時間を人為的に引き延ばすことはできないにしても、「この時間がいつまでも終わらなければいいのに」と強く願うことだろう。

ようするに、音楽にしても本にしても、人がまず最初に手渡されるのは「時間の塊」だということだ。とはいえ、パッケージングされているのは、たんなる物理的時間ではない。パンフレットに記載された演奏時間（本でいえばページ数）は、時計で計れば同じだけれども、その濃密さの度合いやスピード感は作品によってまちまちだ。そこに演奏の質や集中度、聴衆の数や熱気、その演奏会にあたえられた外的な意味（オーケストラの定期演奏会なのか作曲家の個展なのか、はたまたチャリティ目的のコンサートなのか）といった変数も加わる。そもそも、演奏される作品の成立過程にも、さまざまな要因が影響をおよぼしていることだろう。

つまり、「時間の塊」としてわたしたちに手渡される音楽や本は、数え切れないほどの〝偶然〟が束になったものだ。時間の塊は偶然性の塊でもある。その偶然性の塊が、たまたまこの〈わたし〉に手渡される。これこそが究極の偶然といえるかもしれない。

しかし、偶然に出会った〈わたし〉と〈作品〉とは、その作品がひもとかれるや、そこに内包される時間をともに生きることになる。始まったとたんに、おのおのの〈終わり〉へのカウントダウンが始まる、そんな時間を――。芸術体験に〝必然〟があるとすれば、「かならず終わりがくる」ということしかないのではないだろうか。

◇
◇
◇

もう少し演奏会の聴衆の心のなかに分け入ってみたい。演奏が始まるやいなや〈終わりの時〉が意識されるということに、ピンとこない向きもあるかもしれない。でも、最初の一音が発せられたとき、わたしたちはそれをただ漫然と聴取しているわけではないだろう。とくに西洋音楽の語法で書かれた作品は、音がどのように運動し、どのような和声進行をみせ、最終的にどんな結尾をむかえるかという考えによって構成されていて、それはどんなに前衛的な作品においても、そこにおおむね違いはない（機能和声的な進行を否定した作品といえど、ある一定の時間枠を音――あるいは無音――によってデザインするという点においては共通している)。

最初の一音から、わたしたちはその音楽の、最終的には結尾の一音まで行きつくことになる流れに乗る。第一音だけでなく、すべての音に、その後の音楽の構成や進行がすべてたたみ込まれている。この音がどこへ向かうのか、どのようにして終わりを迎えるのかという予感とともに、わたしたちは音を聴いているのである。その予感は、西洋音楽を聴くときに、構えとして自然に自らの裡に生まれる「アフォーダンス」[2]だといえるかもしれない。

演奏が始まるや終わりが意識されるというのは、そういう意味である。そしてその終わりは、〈わたし自身の終わり〉をも想起させる。それは、その音楽の聴体験の終わりでもあれば、わたしの人生の終わり――つまり〈死〉をも象徴的に表象するものである。

一音を聴くとき、わたしはその音楽の結尾までを見通すパースペクティヴを得るが、それは〈諦め〉にも似たものである。この体験はいつか終わるという諦めがそこに通底しているからこそ、いま味わいつつある一瞬一瞬の聴体験が尊いものとなる。自分の人生にもかかならず終わりがくるという諦めが、一日一日の生をかけがえのないもの

2　環境や道具が生物の行動を意味づけること。

として輝かせるように。

◇
◇
◇

音楽は（そして本は）「時間の塊」であり「偶然性の塊」である。さまざまな要因がからみあい、偶然生まれた作品が、たまたまわたしに手渡される。

偶然とは何かという問題に取り組んだ哲学者・九鬼周造の研究者として知られ、二〇一九年に四十二歳で早世した哲学者・宮野真生子は、文化人類学者・磯野真穂との共著『急に具合が悪くなる』においてこのように語っている――

> **偶然はそれだけで自然に生まれてこない。偶然を生み出すことができたのは、自然発生だけではなく、そこに私たちがいたからです。それぞれに引き出す勇気をもち、偶然を必然として引き受ける覚悟をもって出会えたからです。**[3]

同書は、宮野の癌の進行と並行して、磯野とのあいだで交わされた往復書簡によるものだが、死にいたる病を得た人がかならず抱くであろう「他の誰でもなく、なぜわ

3　宮野真生子・磯野真穂『急に具合が悪くなる』〔晶文社、2019〕p.234。傍点は原文ではゴシック体。

たしが」という〃偶然〃への問いを、二人がそれぞれの立場から捨て身で問うことにより、「偶然を必然として引き受ける覚悟」を育てるにいたる様子を描いている。書簡のやりとりが進むうちに、刻々とせまる一方の死をおのおのが意識しながら、最後まで並んで走りきった記録であり、感情に溺れることのない哲学的な問答でありながら、現実の「時の終わり」から逆照射されることばの輝きは類を見ない。

「偶然を生み出すことができたのは、〔……〕そこに私たちがいたから」というのは、偶然性の塊である音楽作品や本などにおいても同様にいえることだろう。それがたまたまわたしに手渡されるという「究極の偶然」がなければ、終わりある有限の時間の塊である作品から、わたしは意味を抽《ひ》き出すことができない。作品の偶然は偶然のまま放置されるしかない。

　時間の塊、偶然性の塊としてパッケージングされた作品に、死すべき存在であるわたしが出会うことにより、一音一音、一文字一文字が孕《はら》み、そこから湧出する時間に〈意味〉がもたらされる。そのとき、偶然は必然に転化するのである。

10 ベートーヴェンと「意志の音楽」

二〇二〇年はベートーヴェン生誕二五〇年の記念の年だった。[1] この人類にとっての受難のときに、その名がクローズアップされることに、象徴的な意味をみてしまうのはわたしだけではないだろう。

五月にはベートーヴェンをテーマに予定されていた「ラ・フォル・ジュルネ音楽祭」[2]が中止を余儀なくされるなど、このまたとないアニヴァーサリーも盛り上がらないまま終わるかと思われたが、年末には、パンデミックがさらに深刻度をましているにもかかわらず、国内の多くのオーケストラが《第九》公演の決行に踏み切り、「苦難から栄光へ」「人類みな兄弟」というこの曲にこめられたメッセージとともに、コロナ禍のなかでも音楽を鳴り響かせようという決意を高らかにうたいあげた。

1　楽聖の誕生日は1770年12月16日とされているから、2021年12月15日までは「250周年」が続くともいえる。新型コロナウイルスの世界的な感染拡大を受け、早くも2020年5月には、ドイツ連邦共和国やボン市などが共同で運営するこのアニヴァーサリーの公式サイト「BTHVN2020」が、記念イヴェントの2021年9月までの延長を発表した。

ベートーヴェンの交響曲第九番ニ短調《合唱付》作品一二五の第四楽章では、それまでの三つの楽章のモティーフが次々に奏されるが、そのつど低弦による単旋律のレチタティーヴォ（朗誦）がそれを断ち切り、あらたに「歓喜の主題」が提示される。それまでの苦闘の数々が、「あれでもない、これでもない」と次々に否定されていき、ついには輝かしい未来が眼前にひらけたというイメージである。そしてレチタティーヴォはその後、もういちど提示される。交響曲に声楽を導入するという形式上の革新をも印象づけるように、なんの前触れもなくバリトン独唱が宣言する――「おお友よ、こんな音ではない！*O Freunde, nicht diese Tone!*」。この部分はフリードリヒ・フォン・シラーによる原詩「歓喜に寄せて*An die Freude*」にはなく、ベートーヴェン自身の創作である。その後に続く多幸感あふれる詩によって、壮大な人間賛歌と捉えられる《第九》だが、これはまぎれもなく〝否定〟の音楽ではないか。それまでの歴史をある意味暴力的に全否定し、まったく新しい世界観を提示するという〈革命〉の音楽。

シラーの原詩のそのまたプロトタイプともいえる「自由賛歌*Hymne a la liberte*」という作品は、フランス革命の革命歌としてひろまった《ラ・マルセイエーズ》の旋律に乗せて、ドイツの学生たちに歌われていたという。[3] ＥＵ（欧州連合）のアンセム（国歌）は

2　「La Folle Journée」は音楽プロデューサー、ルネ・マルタンが仏ナントで1995年に創設したクラシック音楽の祭典。2005年にははじめて東京で開催され、日本のクラシック音楽祭としては画期的な32万人の来場者を記録した。この第1回のテーマもまた「ベートーヴェン」であった。

3　Wikipedia「歓喜の歌」を参照。
†https://ja.wikipedia.org/wiki/%E6%AD%93%E5%96%9C%E3%81%AE%E6%AD%8C
‡2021年9月25日閲覧

《第九》の第四楽章で歌われる《歓喜の歌》だが、高らかに称揚される世界市民の理想とは裏腹に、その根底には、「自由・平等・博愛」という高邁な理想を掲げながら凄惨な暴力によって既存のすべての権威を否定した、フランス革命の精神が伏流しているというわけである。

ベートーヴェンがいちどはナポレオン・ボナパルトのうちにその具現を見[4]、みずからも体現せんとした「意志をもって運命を切り拓く英雄」の理想像。汚辱にまみれた現実世界に甘んじることなく、誰恃《たの》むことなく運命を切りひらいて、いまだ見ぬユートピアをこの世にもたらすべく苦闘するという芸術家像は、その後、音楽のみならず文芸全般に影響をあたえ、ロマン主義のひとつのイコンとなった。

じっさい、音楽家が意志をもって運命を切り拓こうとしたという事例は、求職活動に活路を見いだそうとしたバッハ、宮廷楽長職を放り出してロンドンに移住したヘンデル[5]、上司の大司教に反目してザルツブルクを去ったモーツァルトなど、それ以前にも個別には見られるが、ベートーヴェンのようにそれがみずからの芸術的理想と分かちがたく結びついたかたちで、自己表現としておこなわれた例はなかった。楽譜出版などをつうじて、作曲家が独立して活動できるだけの収入を得られるようになったと

4　ナポレオンに心酔していたベートーヴェンは、1804年、このコルシカ島出身の軍事の天才が、カトリック教皇という「古い」権威と結び、皇帝をなかば僭称したことに失望させられる。

5　ヘンデルのドイツにおける上司、ハノーファー選帝侯ゲオルクはその後、イギリス王ジョージ1世として即位し、ヘンデルと再会するが、自身の宮廷を長期間不在にしたヘンデルをとがめることもなかったため、そもそもヘンデルはゲオルクの命を受けてロンドンに遣わされた密使だったのではないかと考える研究者もいる。

いうだけでなく、この時代、芸術家は真理を追究する存在として、その意志の力で現世を否定することが期待されるようになったということでもある。

◇　◇　◇

いまでは芸術家が意志の力で自らの運命を切り拓くといっても、それほどめずらしいこととは見なされないだろう。むしろ、意志のない芸術家などといえば、語義矛盾といわれるかもしれない。しかし、古代のギリシア語にはそもそも「意志」の概念がなかったという。

〔ハンナ・〕アレントによれば、ギリシア人たちは意志という考え方を知らない。彼らは意志に相当する言葉すらもたなかった。ギリシアの大哲学者アリストテレスの哲学には、意志の概念が欠けている。[6]

國分功一郎によれば、意志の概念が現れたのは、ある行為を主体が能動的になしたのか、あるいはそれが受動的になされたのかを区別し、その行為の責任を帰すべき主

6　國分功一郎『中動態の世界――意志と責任の考古学』シリーズ ケアをひらく〔医学書院、2017〕p.100

体を明確にしようとする法的な精神の誕生と軌を一にするものだという。言語において能動態と受動態が対立することは、いまではあたりまえのことと考えられているが、じつは古代においては能動態と対立するものとして、中動態 *middle voice* が存在していたというのである。

では、能動態と中動態はどのように区別されるのか。國分はフランスの言語学者エミール・バンヴェニストの定義を引く。

能動では、動詞は主語から出発して、主語の外で完遂する過程を指し示している。これに対立する態である中動では、動詞は主語がその座となるような過程を表している。つまり、主語は過程の内部にある。[7]

ならば、中動態とはどのような事態を表す言葉であろうか。

私たちは誰かを好きでいるとき、はたして能動でしょうか、受動でしょうか？　たしかに私がその人を好きなのでしょう。でも、その人に魅了されているのですから、惚れてしまうのはどう考えても受動です。しかし単に受け身なだけではない。だから英語には「fall

7　國分功一郎＋熊谷晋一郎『〈責任〉の生成――中動態と当事者研究』〔新曜社、2020〕p.97

> in love」という言い方があるのでしょう。しかし中動態ならこの事態を動詞の態として正確に説明できます。私は自分で誰かに惚れようとするわけではない。しかし、誰かに惚れることを強制されているわけでもない。惚れることが私を場所として起こっているわけです。[8]

さてそれでは、音楽をすること——作曲、演奏、聴取のどれをとってもよい——は、能動態で十全に表すことのできる事態だろうか。たしかに「音楽」を目的語と考えれば、「わたしは作曲する」にしても、「わたしは演奏する」にしても、能動的な行為と考えられる。しかし、そのとき「わたしが音楽をすること」は、バンヴェニストの定義にいわゆる「主語の外で完遂する過程」といえるだろうか。つまり、「音楽する」ことをわたしは百パーセント能動的に、言い換えれば自分の責任としておこなうことが可能なのだろうか。

ベートーヴェンはそれが可能だと考えた。いや、それが可能な世界を実現するために、意志をもって——「このような音ではない！」という宣言とともに——過去の音楽世界を否定しなければならぬと考えた、といったほうがいいかもしれない。そして、象徴的にいうならば、ベートーヴェンが切り拓いたともいえる「音楽の価値は作曲家の創意に帰せられる」という考え方にもとづいて、現代の著作権法は構成されている。

8　國分＋熊谷、同前、p.99。傍点引用者

しかし、少しでも楽器を弾いたことのある人ならすぐにわかることだと思うが、音楽を百パーセント能動的におこなうことなど不可能だ。合奏するとき、わたしは相手の音を聴きながら、それに合わせて音を出す。独奏においても、自分が奏した音やフレーズが、次に奏するべき音色や表現を導く。ピアノではフラット系の調（ヘ長調、変ホ長調、ハ短調など）が弾きやすく、ギターではシャープ系の調（ト長調、ニ長調、イ長調など）が弾きやすいとよく言われるが、これはそれぞれの楽器の構造によって、奏者の身体が影響をうけるためである。[9]

独力でおこなうことの多い作曲においても、すべての音を能動的に生み出すことは不可能である。伝統的な音楽の場合、時代や地域、演奏される場によっておのずから求められる様式がある。また、最初に楽譜に書きつけた音がそれに続く音や和音を規定する。楽譜をもちいない前衛的なパフォーマンスであっても、それが音楽作品であるかぎり、細部が全体を、全体が細部を相互に規定しながら構成される。わざわざそのような分析をおこなわずとも、「聴くこと」「耳をすますこと」のたいせつさを指摘しない作曲家はいないだろう。

つまり音楽をするとは、「動詞は主語がその座となるような過程を表している」（バンヴェニスト）という表現に倣って言えば、「音楽することが私を場所として起こっている」

9　p.126で説明したアフォーダンスの一例である。

という、まさに中動態的な事態なのである。

責任（レスポンシビリティ）は応答（レスポンス）と結びついている。応答とはなんだろうか。それは返事をすることだが、返事をするといっても応答において大切なのは、その人が、自分に向けられた行為や自分が向かい合った出来事に、自分なりの仕方で応ずることである。[10]

わたしはわたしという場において生起する「音楽する」という事態にたいし、中動態的にかかわり応答 *response* する。それが音楽をするわたしに課せられた責任 *responsibility* なのである。

◇　◇　◇

ベートーヴェンの音楽がいかに革新的で、同時代人が共感よりもむしろ驚愕を示すような音楽であったとしても、いまからみれば、当時の音楽様式を大きく逸脱するものではない。また彼は折にふれ、注文に応えて時事的な内容の作品を作曲したり、数

10　國分＋熊谷、同前、pp.4–5。
國分功一郎による「まえがき」より。

多くの編曲もおこなっている。請負仕事やあらかじめ制限を課せられた仕事にあっても創意が発揮されることは、音楽の中動態的なありかたを如実に示している。

ベートーヴェンの音楽の最大の魅力は、まさにこの「音楽する」という中動と、「意志する」という能動とがせめぎ合いながら共存し、さらなる高みへと力強く駆け上っていくさまにあるのではないか。同い年の哲学者ヘーゲルが『精神現象学』〔一八〇七〕で提唱した弁証法の、音楽における実現を見る思いがする。

「意志する」ということについて、國分はハイデッガーを引きながら述べる。

〔ハイデッガーによれば〕まず、「意志することは始まりであろうとすることである」。〔……〕興味深いのはそこから導き出される次の命題で、ハイデッガーは意志について、「意志することは忘れようとすることである」というんですね。

〔略〕

これはつまり、「意志することは考えまいとすることである」という意味でもあります。最後が、「意志することは憎むことである」。自分が今生きている現在というのはどうにもならない。過去によって規定されてしまっている。このどうにもならない過去を前にして、人はそれに復讐したいという気持ちを抱く。意志はこの復讐の気持ちと切り離せない。[11]

11　國分＋熊谷、同前、pp.160-161

ベートーヴェンは過去を憎み、意志の力で前後裁断し、みずから始まりであろうとした。《第九》第四楽章のバリトン独唱の開始部分に示された「この音ではない！」という絶対的な否定は、独力で運命を切り拓き、まだ見ぬ理想を実現せんとするロマン主義のモニュメンタルな始原となり、現代においてはヨーロッパの政治的経済的な融和をめざしたＥＵのアンセムに引き継がれ、パンデミックの年の年末には「人類の勝利」の予祝として鳴り響いた。

しかし、そのＥＵから英国が二〇二〇年十二月三十一日をもって完全離脱したことにも端的に表れているように、《第九》をもって始まった「意志の音楽」の耐用期限はすでに過ぎていたのではないか。人間の意志が〝否定〟によって歴史の底に埋めてきた過去が、少しずつ腐臭をただよわせながら姿を現し、みずからの存在を認め受け入れるよう求めはじめている。われわれはそのメッセージをこんどは否定せずに受けとめ、みずから当事者として中動態的に応答*response*することによってしか、現代を生きる者としての責任*responsibility*を果たすことができないだろう。

意志が過去の切断だとしたら、覚悟というのは現在・過去・未来を自分で引き受けると

いうことですね。連続体のなかに身を置くのが覚悟であるわけです。[12]

◇　◇　◇

《第九》にはじつは声楽の入らない純器楽ヴァージョンがあったかもしれないという。

ベートーヴェンがひと頃、合唱付きの終曲を失敗*Misgriff*として述べ、完全に器楽的な楽章に置き換えることを真剣に考えていたことを、彼の弟子のカール・ツェルニーが報告している。[13]

この交響曲第九番の「完全に器楽的な」終楽章の姿を知ることは残念ながらできない。しかし、「この音ではない！」というあからさまな否定の言表を含まず、いやむしろその否定の契機を含みながらも、さらなる高みにおいて弁証法的に総合された音楽が完成していたとしたら、そしてその音楽がその後の芸術や文化のめざすべきイコンとして現代に遺されていたとしたら、われわれはいまどのような世界を生きているだろうか。

12　國分＋熊谷、同前、p.161。國分功一郎の発言。

13　マーク・エヴァン・ボンズ『「聴くこと」の革命――ベートーヴェン時代の耳は「交響曲」をどう聴いたか』近藤譲＋井上登喜子訳〔アルテスパブリッシング、2015〕p.133

終奏　Grave　重々しく

Grave

音楽は墓である

感染症拡大のため、墓参りに行くことができないでいる。

木村家は和歌山にルーツをもつが、祖父は庶子であったため若くして家を出て医者となり、高山赤十字病院で長く院長を務めたのち、晩年は高山市内に小さな医院をいとなんでいた。ここを終焉の地とさだめ、飛騨国分寺を家の菩提寺とした。

父は旧制飛騨高校から京都大学医学部に進んで、その後西独ハイデルベルクや滋賀県水口市など転々としたのち、わたしが小学校に上がった年に名古屋市立大学に奉職し、その後京都大学に戻ったので、わたしが育ったのは名古屋、現在の実家は京都ということになる。

高山の祖父の自宅兼医院はずいぶん前に人手に渡り、縁のある人もだんだん少なくなっていたのだが、毎年夏には両親が京都から日帰りで、お盆の墓参りをしていた。たまにはわたしも家族連れで参加して、そんなときは全員でホテルに泊まって、朝早くから乗鞍へ出かけたりしたこともある。父は数年前に出張先で転倒・骨折して、そのまま京都市内の老人ホームに入所し、母も老齢でなかなか遠出もできなくなったため、一昨年（二〇一九年）は初めて、わたしと妻の二人でお盆のお参りをした。いまや墓だけが、飛騨高山という土地と自分をつなぐ縁であるが、真夏の高山のあの輝度の高い陽光に照らされて、触れれば火傷しそうな石[1]が立ちならぶ空間が、自分にとって思いのほかたいせつな場所であったことを、ひしひしと実感した夏であった。

◇ ◇ ◇

墓といえば、フランス音楽の様式のひとつにトンボー *tombeau* というものがある。「墓、墓石、墓碑」といった意味だが、故人を悼《いた》むためにつくられた、おもに器楽曲をさす語である。十七世紀から十八世紀にかけて多く作曲され、その後廃れたが、二十世紀に入って、ある種の愛国主義、懐古趣

1 「石」と書いたが、飛騨国分寺の墓所には、大砲の砲弾をそのまま土台の上に据えた墓があり、いまでもひときわ異彩を放っている。あれは触るとほんとうに火傷するのではないか、柄杓で水を掛けたら湯気が上がるのではないかといつも思うのだが、住職に確認したことはない。

味とともに復活した。モーリス・ラヴェルの《クープランの墓 *Le tombeau de Couperin*》はその代表的な例である。

現代に入って、こんなおもしろい例もある。フォルマント兄弟（三輪眞弘、佐近田展康）が二〇〇九年に発表した《フレディの墓／インターナショナル *Le tombeau de Freddie / L'Internationale*》[2]である。

tombeauという語からも明らかなように、上述のフランスの器楽様式の伝統につらなるものとして構想されていることは明らかである。第一義的には「フレディ」――イギリスのロック歌手フレディ・マーキュリー――への挽歌なのだが、彼の特異な歌声、ヴォーカル・スタイルをフォルマント合成という電子音響技術で再創造し、社会主義・共産主義のアンセムである《インターナショナル》を（日本語で！）歌わせるという楽曲であり、音楽における肉体の象徴ともいえる「声」、それもとくべつにマッチョなイメージをまとったフレディ・マーキュリーのヴォーカルを電子的に合成することにより、「ライヴ＝生《なま》」の音楽への弔意、さらには革命歌が人々の連帯の紐帯として機能した時代への追想の意味合いをもたせている。

ラヴェルの《クープランの墓》もまた、十七〜十八世紀フランスの作曲

2 “Le Tombeau de Freddie / L'Internationale” by Formant Brothers｜YouTube
†https://www.youtube.com/watch?v=hkfrU-EOQ-E
‡2021年8月21日閲覧

家フランソワ・クープランのクラヴサン曲を思わせるバロック音楽の組曲の形式を借りながら、第一次世界大戦で犠牲になった知人たちを悼むために作曲されている。《フレディの墓》においても《クープランの墓》においても、「墓 *tombeau*」という様式は、たんなる後ろ向きの懐古の意識ではなく、そこに名指されている固有名詞がまとい、象徴する文化や歴史を再解釈(あるいは意図的に誤読)することによって、作曲家の創意を発露させるためのスプリングボードとして機能している。

愛国者であったラヴェルにあっては、自分は身体的理由で従軍できなかった戦争で犠牲になった知人たちへの追想と、敵国ドイツへの対抗意識とないまぜになった自国の音楽的伝統への敬慕の念——おそらくは激烈なものであったろうそれらの感情を制御し、作品として破綻なく構成するために〈墓〉という様式が必要だったのであろうか。

フォルマント兄弟においては、二十世紀に録音技術が普及して以降、実演のかわりにマーケットを席捲する録音物——彼らはそれを音楽とは似て非なるものとして「録楽」とよぶ——の本質を暴き出し、ひいてはわれわれ人間にとっての芸術の意味を問いなおすために、フレディ・マーキュリーを電子的に降霊して〈墓〉に埋葬しなおす手続きを必要としたのである。

これはもしかしたら、「墓」の名をもつ楽曲にかぎらず、音楽全般にいえることではないか。音楽形式というものは、あるいは個々の音楽作品もまた、音楽家にとっては〈墓〉とよべるものなのではないだろうか。

◇　◇　◇

作曲 *composition* を生物の死後の分解 *decomposition* と対比させて語るのは、歴史学者の藤原辰史である。[3]

生物が死を迎えると、微生物や菌類といった「分解者」が仕事を始める。生成し、組み立てられ、構成された *composition* 肉体は、分解 *decomposition* の過程に場をゆずる。しかし、生そのものがじつは分解とはいえないだろうか。生命が誕生したとたんに細胞は分裂をはじめ、それを繰り返していく。[4] 細胞が分裂して増えていくことを、わたしたちは生成とよび成長とよぶのだが、それは死に向かって一直線に進む過程でもある。compositionと

3　「『作曲』は英語でcompositionという一方で、生態学の用語でミミズや菌類などによる動植物の死骸の『分解』のことをdecompositionというのは示唆的であろう」（藤原辰史『分解の哲学――腐敗と発酵をめぐる思考』〔青土社、2019〕p.104）

4　ヒトの細胞が分裂できる回数は約50回だという。小林武彦『生物はなぜ死ぬのか』〔講談社現代新書、2021〕を参照

decompositionとは同じことの両面を言っているだけではないのか。[5]

……composerは、音符を扱えば作曲家、活字を扱えば植字工と訳される。音符も活字も全体を構成する要素でありながら、一定のルールにしたがって構成すると、たんなる総和ではなく、それ以上の何かを生み出す。

作曲家は音符を組み立て、構成し、作品を構築する。音楽作品とは楽譜に書かれた音符の総和ではなく、それ以上の何かである。そこに音符のほかに何が加わっているのか——まさにそれが〈音楽〉ではないか。生物の身体がその細胞の総和ではなく、〈生命〉という付加価値をもつものであるように。

生命は、誕生したときから、分解という、最終的には死へとつながる道を走りつづけ、みずからを更新しつづけるひとつの様態である。動的平衡[6]こそが、生命の本来的なあり方を示している。

音楽作品が音符の総和でなく、それ以上の何か、そこに音楽が加わった

5　藤原、同前、p.248

6　福岡伸一『新版 動的平衡——生命はなぜそこに宿るのか』〔小学館新書、2017〕を参照

ものだと言ったが、ここでいう〈音楽〉とは何なのだろうか。それはやはり、〈生命〉と同じように、組み立て構成すること *composition* でありながら分解 *decomposition* の契機をも同時に含む何かではないだろうか。

◇　◇　◇

作曲家が音楽作品を作曲するうえで、もっともはじめに必要になるものは〈創意〉であろう。創意にはさまざまなかたちがあるだろうが、あえて性格づけるとすれば、これまでの自分を更新したいという思い、これまでと違う新しい自分に出会える予感といえるだろうか。創意がcomposeとdecomposeのどちらの性格をより強くもつかといえば、あきらかに後者、つまり〈分解〉の志向性をもつものだといえる。

では〈創意〉は何を分解するのか——。作曲家にとってそれは、先行する他者の作品であったり、伝統的な様式であったり、もしかしたら自分自身がいままさに構築しつつある作品そのものかもしれない。

ラヴェルがクープランの時代のバロック組曲にことよせて、戦死者への鎮魂の思いをかたちにしたように、フォルマント兄弟がフレディ・マーキュリーのヴォーカル・スタイルを電子的に模倣することで、音楽そのものを定義しなおそうとしたように、〈創意〉はかたちを得るために、碇《いかり》を下ろし、みずからをつなぎ止めるための〝なにか〟を必要とする。

〈創意〉が分解 *decompose* の方向へひたすら自らを開いていく力だとしたら、構成 *compose* はそれとは逆方向に自分を固定化し実体化させようとする力であり、創意が強ければ強いほど、後ろへと引っぱる構成力も堅固なものでなければバランスがとれない。decompose と compose の動的平衡こそが音楽の本質であり、その両方向への引っぱりあいが、作品を形成するのである。

そもそも、芸術家の創意、クリエイティヴィティとは、果てしない未来に向けて、みずからを縛るものすべてを解き放っていくような爆発的なエネルギーである。つくられたもの、構成されたものすべてをいつか崩壊させずにはおかないエントロピー増大の方向へ、あえて身をゆだね、未知の可能性（そこには死も含まれるだろう）へと全身を投げ出すことへの憧れであり、欲動である。生命そのもののはたらきといってもいいそのヴェクトルに逆らって、その奔流のなかに碇を沈め、杭を打ち、かりそめのものではあったとしても、その生命をかたちあるものとして構成しようという欲求が、作品となって結実するのである。

　そのようにして、裡に緊張感の強度を秘めたまま実体化した作品は、次にやってきた演奏家や作曲家の創意を刺激するだろう。そうした作品をわたしは、バロック時代の「墓《tombeau》」とよばれる作品群、あるいはラヴェルやフォルマント兄弟の作品になぞらえて、墓とよびたいのである。究極的には死へと行きつくことになる〝生命の流れ〟を、その痕跡にすぎないかもしれないが、この世にとどめたものとして。

　音楽における「墓参り」は、たんに過去を振り返り、過去にならうだけでなく、未来へと無限に拡がる分解＝創意の契機ともなる。ある作品を完成させた作曲家本人が、それを踏み台にさらなる高みへと飛翔しようと、「自分の墓」に詣でることだってあるだろう。

◇ ◇ ◇

もちろん、ことは音楽にかぎった話ではない。本書のテーマにそくしていえば〈本〉だって墓のようなものだろう。墓地に所狭しと林立する墓石は、まるで書店の書棚に収められた本のようではないか。墓石に記された故人の名前、建立者の名前は書籍の表紙に記されたタイトルや著者名のようだし、墓碑銘は本の帯に記されたキャッチコピーのようにも見える。

人は生き、さまざまな仕事をなし、記憶を遺して死んでいく。その一生をひとつの作品として、本として、実体化させたものが墓ではないか。煌々と照りつける陽ざしに灼《や》かれて立つ墓は、そのページをひもとこう（分解しよう）とする墓参者があらわれるのを静かに待っている。立ちならぶ死とともに、みずからの死の予感も陽炎の向こうに見はるかしながら、墓参者はひととき、墓が語ることばを聴き、奏でる音に耳をかたむけるのだろう。

そして本は音楽となる——あとがきにかえて

本書に収載した十三篇は、アルテスパブリッシングの会員限定メールマガジン「ARTESフレンズ&サポーター通信」に、二〇一八年七月から二〇二一年三月までに発表したものである。前著『音楽が本になるとき』〔木立の文庫、二〇二〇〕と出どころは同じであり、姉妹編といえる。各篇の初出は以下のとおり（連載のタイトルは途中で〈music・book・education〉〔mbeと略〕から〈音楽が本になるとき〉〔音楽本と略〕に改題されている）。

序奏　**上製本と文庫のどちらが偉い？**〔音楽本⑤／二〇二〇年三月〕

01　**本棚と本棚のあいだ**〔mbe⑬／二〇一八年七月〕

02　**農夫と一冊の本**〔mbe⑰／二〇一九年三月〕

03　**日本語はカッコわるい？**

†デザイナーはなぜ欧文を使いたがるのか〔音楽本①／二〇一九年九月〕
‡ゲーテ、朔風、日本語ロック〔音楽本②／二〇一九年十月〕
04　名前の共同体〔mbe⑮／二〇一八年十一月〕
05　音楽は肯定する〔音楽本⑥／二〇二〇年五月〕
間奏　Music matters.〔音楽本⑨／二〇二〇年十一月〕
06　会議は長いほうがいい〔音楽本⑪／二〇二一年三月〕
07　音楽のリハビリテーション〔mbe⑯／二〇一九年一月〕
08　好みと価値判断〔音楽本③／二〇一九年十二月、同④／二〇二〇年一月〕
09　作品の偶然と出会いの必然と〔音楽本⑦／二〇二〇年七月〕
10　ベートーヴェンと「意志の音楽」〔音楽本⑩／二〇二一年一月〕
終奏　音楽は墓である〔音楽本⑧／二〇二〇年九月〕

本書での掲載順は発表順どおりではないが、前著同様、全体を二部形式として「序奏」「間奏」「終奏」で縁どるスタイルとともに、編集サイドで考えてくれたものである。

これらの文章を執筆していたあいだに、新型コロナウイルスの世界的な感染拡大が起こり、いまもなお終息の糸口さえも見えない状況が続いている。その雰囲気はとうぜんのことながら、内容に直接的あるいは間接的に影響をあたえている。

プライヴェートには父の死という出来事もあった。本書にもたびたび登場する父・木村敏は二〇一八年六月に出張先のホテルで転倒し、骨折。半年の入院生活ののち、そのまま京都市内の介護付き老人ホームに入居した。さいわい、父もじきに施設の雰囲気になじみ、長年の忙しい学究生活から解放されたように、穏やかな日々を送るようになった。

今年〔二〇二一年〕に入り、二度にわたって誤嚥性肺炎とそのたびに重くなる心不全とで入院。それもなんとか乗り切って施設に戻ったが、九十歳という年齢もあって心臓の回復はもはや見込めなかった。施設や担当医と相談し、容態が悪化してももう積極的な治療はおこなわず、痛みや苦しみをなるべく取り除いて、穏やかな最期が迎えられるようにする看取り介護への移行を選択した。

二週間ほど経った七月末、血圧や血中酸素濃度が下がり、いよいよかもしれませんと連絡を受けて京都に戻ると、父はもう話をする元気はないものの意識ははっきりしており、アメリカの叔父（父の弟）夫妻にZoomをつなぐと、瞳を大きく見開いてなにか決然とした表情を見せた。

翌日、本書の版元・木立の文庫の社長で、父の著作を何冊も手がけた編集者の津田敏之さんと、父の思想の研究に取り組む若き精神科医・清水健信さんの二人に見舞いに来てもらったときには、そんな力が残っていたのかと驚くほどの力強さで痩せほそった腕を布団から出し、大きく伸ばして何度も手を叩くような動作を繰り返した。清水さんはともかく、津田さんやわたしはもう若くもないのだけれども、父からすれば若い世代への最後のエールのつもりだったのかもしれない。

父が、母とわたしの見守るなか静かに息を引き取ったのは、その三日後の八月四日正午のことだった。数日前に東京から駆けつけたとき、なにか音楽を流しておこうと、CDプレーヤーをエンドレスにして再生していた《ゴルトベルク変奏曲》[1]がそのままかかっていた。

1　Pooh's Hoop PCD-7004（2015）
日本人演奏家ではじめてJ.S.バッハ《ゴルトベルク変奏曲》をレコーディングしたといわれるピアニスト、神西敦子によるその伝説の音源をリマスタリング、CD化したもの。

本書には、だから、ちょうど父が骨折して急性病院に入院したころに、東京と京都を往復しながら切迫した気持ちを抱えて書いた文章、父の入居した施設をほぼ毎月訪れ、穏やかに流れる時間をともに過ごしながら思いめぐらせた文章、その後パンデミックが発生し拡大するにつれてオンライン以外の面会が制限され、わたし自身も自宅にこもってやり場のない思いをこめて綴った文章、最後の入院で父に残された時間がわずかであることを告げられ、覚悟をせまられるなかで絞りだした文章が、そのときそのときの時間の手触りとともに収められることになった。

◇　◇　◇

前著を出版したとき、ある知人の音楽学者から「ひさしぶりにこういう音楽美学の本を読んだ」というメールをいただいた。「ひさしぶりに」というのは、裏を返せば「いまどき……」ということでもある。もちろん、感想を送ってくれた知人は、そのことも含めて好意的に評価してくれているのだが、わたしの思索を「音楽美学」と位置づけてくれたことをうれしく思うと同時に、どうして最近はこういう考え方が流行らないのだろうともあらためて考えた。

美学《aesthetics》とは直訳すれば「感性の学」である。〝感性〟は具体的な対象あってこそはたらくものだ。その対象を自分がどうとらえるか、何をもって〝美〟と感ずるかを考究するところから美学が始まる。わたしがこれまで書いてきたことは、どれも音楽や本といった具体的な対象があり、そこからどんな印象を受け取ったか、そして自分自身のありようがどのように変容したかを叙述するものだった。もちろん、ある意味で対象の美的価値を評価するわけであるから、なんらかの評価基準が定まっていなければ、単純な印象批評にとどまってしまう。通常は哲学や音楽学の研究者が、各人の専門分野における確たる知見をもとに、研究対象に向けていたまなざしのヴェクトルを、研究者であるみずからに向けたときに、「美学」が成立するといえる。わたしは研究者ではないが、長年にわたり音楽の本をつくる経験のなかで、自分に何が起こっているのかに興味をもち、それを記述してみたいという関心が、執筆の根本的な動機となっているわけだから、「音楽美学」という評価はある意味「言い得て妙」とも思えたのである。

ただ、門前の小僧として見聞する音楽学の研究の趨勢を見ていると、研究対象をなるべく絞り込み、たとえば扱う時代や地域に制限をかけたうえで、依拠する理論にあてはめて結論を出すという、科学的・実証主義的な研究態度が大勢を占めるように思われる。あるいは、音楽の外部としての歴史的・社会的な背景や、それがバイアスとなって受容する者の視線を無意識に規定していることに目を向け、その音楽に従来あたえられていた価値を相対化しようとするカルチュラル・スタディーズも盛んだが、こちらも受容者の〝感性〟を対象とするかにみえて、その価値判断に影響をおよぼしている外的な要因を数えあげ、感性への信仰を無効化する点において、科学的な手法といっていい。「音楽美学」はなるほど、いまどき流行らない、時代遅れの学問なのである。

とはいえ、研究書であれ、理論書であれ、随想であれ、どのようなスタイルであっても、ひとりの人間が、ときには蛮勇をふるって価値判断をおこなうことなしには、一冊の本は生まれない。ほんの一時であっても、みずからの感性を信じて下した価値判断に「是」とうなずくことができたからこそ、本は生まれるのである。たとえその後、著者自身がみずからの価値判断を否定したとしても、本が「肯定の証《あかし》」であることは否定できない。

わたしが編集者として三十年以上にわたってつくりつづけてきた音楽の本もまた、数々の著者の「肯定の証」にほかならず、同時に編集者であるわたし自身が、その著作の価値をみずからの感性で肯定することをつうじて、世の中に送りだしてきたものである。いかに感性があやふやで間違いやすく、信用のおけないものであったとしても、ある時点でそれを「是」と決断することがなければ、本は――ひいては人間の文化は――存在しないのである。

◇ ◇ ◇

「こんど、こんなところで喋るんやけどな」と父からシンポジウムなどに誘われることがよくあった。晩年は哲学系の催しに呼ばれることが多く、抽象的な概念をめぐる議論が白熱すると、父はなかば自嘲しながら、あるいは多少の皮肉もこめてか、「こういう空中戦は得意ではないので」と身を少し引き気味に議論に加わるのが常だった。

父自身、晩年は「臨床哲学」を標榜したが、それは現代において哲学が人間そのものを主題にするようになり、必然的に精神医学に接近するにともなって、逆に精神医学の現場の知見にもとづいた哲学的思索も必要とされるのではないかという思いからのことであったという。[2] 具体的な事象から哲学するというヴェクトルにおいては、ほぼ同時期に臨床哲学を旗印として掲げた鷲田清一氏や野家《のえ》啓一氏とも共通するが、父の場合は文字どおりの「臨床」のいとなみこそが、みずからの思索の揺籃であるという強い自覚があった。

臨床の現場で目にした症状を、まず曇りのない感性でとらえ、その感

2 木村敏『精神医学から臨床哲学へ』〔ミネルヴァ書房、2010〕p.313ほかを参照

性の導く推論を肯定し、判断を下すこと――それこそが医療というものだと思うが、昨今は精神医学の分野においても実証主義的な方向性が重視されるようになり、父の信条としてきたような現象学的・人間学的（父はそれを「一人称／二人称的」と表現する）な医療はふるわなくなっているようだ。音楽学において科学的・実証主義的な研究が幅をきかせ、音楽美学が時代遅れとされる現状と重なってみえる。

本書のすべての原稿を校正し了《お》え、版元にゆだねようとしているいまも、一篇一篇の文章にこめた思いがたしかな価値をもち、読者になにがしか伝わるものがあるのかどうか、自信はない。それでも、自分の感性を信じ、あるタイミングで「是」と決断し、もう後戻りのできない出版工程にゆだねることをしなければ、この本はこの世に存在することができない。この世のすべての本は、そして音楽は、そのようにしてこの世界にところを得、それを読んだり聴いたりした人々の感性によって価値判断を下されて、あるものは歴史の闇に消え、あるものは時空を超えて文化を形成する土壌の一部となったのである。

世の中にあふれる荒々しく暴力的な響きにかき消され、耳には聞こえなくても、心ある人の感性には過《あやま》たず届く精妙な波動。それを受けとめてくれたかれらの無言のうなずきは、静かに共振を生み、いつのまにか響きをまして、ついには高らかなハーモニーを奏でる。そんな本をつくってみたい。つくることができたら！

それこそが「音楽のような本」ではないかと思うのである。

◇　◇　◇

本書の出版にあたっては、前著にひきつづき、木立の文庫社長の津田敏之さん、デザイナーの上野かおるさん、イラストレーターの槙倫子さんのお世話になった。「死」「墓」「分解」といった方向へどうしても傾いていくテクストを、力強く受けとめ、まるごと肯定してくれる力強い装丁は、この三人の創意に負うものである。

前著を読んでいちはやく感想を送ってくださった故桂川潤さんをはじ

め、思いがけず多くの方々がメールやＳＮＳで伝えてくれた共感のことばが、大きなモチベーションとなって執筆を進めることができた。

コロナ禍という誰も経験したことのない異常事態のなかで、いままでよりもはるかに長い時間を家族と過ごし、お互いの信ずるところを語り合い、励まし合って生活したことも、本書の背景として忘れられない光景だ。

この場を借りて、みなさんに心からの感謝を——。ありがとうございました。

二〇二一年十月吉日

著者

著者紹介

木村 元（きむら・げん）

書籍編集者。株式会社アルテスパブリッシング代表。

1964年、京都生まれ。上智大学文学部哲学科卒業。

1988-2007年、株式会社音楽之友社で音楽書籍の企画・編集に従事。

2007年、独立して株式会社アルテスパブリッシングを創業、代表取締役に就任。

桜美林大学リベラルアーツ学群非常勤講師、国立音楽大学評議員。

著書に『音楽が本になるとき——聴くこと・読むこと・語らうこと』〔木立の文庫、2020〕。

kodachi no bunko

音楽《おんがく》のような本《ほん》がつくりたい
編集者《へんしゅうしゃ》は何《なに》に耳《みみ》をすましているのか

2021年12月10日　初版第1刷印刷
2021年12月20日　初版第1刷発行
2022年 2月20日　初版第2刷発行

著　者　木村　元
発行者　津田敏之
発行所　株式会社 木立の文庫
〒600-8449　京都市下京区新町通松原下る富永町107-1
telephone 075-585-5277　facsimile 075-320-3664
https://kodachino.co.jp/

装幀画　槙　倫子
造　本　上野かおる
DTP　東　浩美

印刷製本　亜細亜印刷株式会社

ISBN 978-4-909862-20-4　C1073

そっと kodachi-no

音楽を聴く／本を読む
“感動”の源泉はここにあった

音楽が本になるとき

聴くこと・読むこと・語らうこと

木村 元

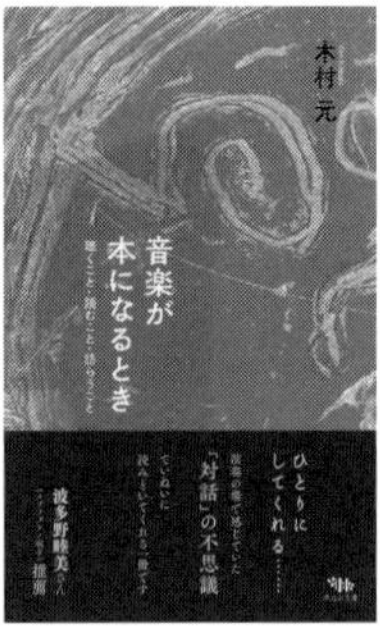

音楽を聴いていて思わず泣きそうになると、「あの人だったらどう感じるだろうか？」と思う。本を読んでいてむくむくと勇気がわいてきたとき、「あの人にも読んでもらえたら……」と希う。わたしにとって、音楽を聴いたり本を読んだりすることは、心のなかの誰かとの対話にほかならない。――創り手と受け手のちがいや、時代をともにしているか否かにかかわりなく、わたしたちの前に置かれた音楽や本は、わたしたちのどんな属性をも取り去って、親密な語らいを始めさせてくれる。

四六判変型上製184頁　　定価2,420円（本体2,200円）
2020年5月刊行　　装丁：上野かおる／装画：槙 倫子